KB172934

# 우주선
# 지구호
# 사용설명서

# 우주선
# 지구호
# 사용설명서

**벅민스터 풀러**

제이미 스나이더 엮음
이나경 옮김

열화당

# 한국의 독자들께

나의 할아버지 벅민스터 풀러의 1969년작 『우주선 지구호 사용설명서』의 한국어판 출간 소식에 반가운 마음을 전합니다. 올해는 중국과 이탈리아, 러시아에서도 번역본이 출간되었습니다! 이밖에도 브라질과 독일에 이어 현재 프랑스, 일본, 슬로베니아에서도 번역되어 있지요.

라스 뮐러(Lars Müller) 출판사에서 2008년 나온 개정판 서문을 쓴 지 십 년이 지난 지금, 『우주선 지구호 사용설명서』는 훨씬 더 중요한 위치를 차지하고 있습니다. 실행 가능한 '사용설명서'에 대한 요구도 더욱 절실해졌습니다. 제가 이 글을 쓰고 있는 지금 근방에서는 캘리포니아 사상 최대 규모의 화재가 발생했습니다. 남쪽 지역에서 당시로는 캘리포니아 사상 최대 규모의 화재가 발생한 뒤 불과 아홉 달 만에 그 기록이 깨진 겁니다. 저는 만나는 사람들에게 현재 지구가 처한 상황이 "우리가 느끼는 것보다 훨씬 더 나쁘지만, 우리가 느끼는 것보다 훨씬 더 좋기도 하다"고 말하곤 합니다. 지구의 생명은 인류의 무지로 인해 꼼짝달싹할 수 없는 지경에 처했습니다. 그러나 동시에 버키(Bucky, 풀러는 가까운 이들에게 이 애칭으로 불리기를 좋아했다고 한다―옮긴이)가 지지한 설계 혁명은 인간이 지구에 남기는 발자국을 크게 줄여주는 새로운 도구와 세계관을 만듭니다. 이로써 우리는 진정으로 재생 가능한 세상을 열 수 있습니다.

버키가 던진 핵심적인 질문 가운데 하나는 "작은 개인이 무엇을 할 수 있을까?"입니다. 우리가 처한, 무시무시한 곤경에서 벗어나게 해줄 작은 방향타인 '트림 탭(trim-tab)'은 무엇인가? 버키는 그에 대한 답으로, 생을 마감하기 직전 마지막 넉 달 동안 '총체성의 날(Integrity Day)'이라는 제목 아래 미국 전역을 돌며 나흘에 걸쳐 매회 천 명이 넘는 청중과 만남을 가졌습니다. 요약하면, 버키는 우리가 모든 생명을 구하는 세상을 이룩할 모든 것을 이미 가졌다고 했습니다. 우리의 창고에 말이죠! 버키가 말한 '트림 탭'이란, 이 위대한 변화를 촉발시킬 총체성을 가진 개인이 충분히 모이는 것이었습니다.

1983년 2월 26년 행사에서 버키는 다음과 같이 말했습니다.

(…) 오늘, '총체성의 날'에 여기 모인 이유로 돌아가자면 (…) 바로 이 실험〔지구상의 인간들〕에 대해서 잊지 마십시오. 정말 중요한 건 우리 자신입니다. (…) 현재 정보를 얻고 전달할 수 있는 이런 능력을 가진 (…) 인간들이, 정말로 우리에게 맡겨진 책임을 질 자격이 있는지 최종 시험을 치르는 셈이라고 생각합니다. 정부의 유형에 관한 시험이 아니고, 정치, 경제 체제와도 무관합니다. 그것은 개인과 관련이 있습니다. 각자에게 정말로 진실에 동조할 용기가 있는가? (…) 우리가 정말로 총체성을 유지하며 나아갈 수 있는가?

1983년 6월 25일, 버키는 세상을 떠나기 엿새 전 마지막으로 한 강연의 끝에 다음과 같이 말했습니다.

우리에게 선택지가 있다는 걸 알고 있습니다. 스스로를 파멸시킬 능력이 있다는 것도 알고 있습니다. (…) 지금이 바로 일촉즉발의 시점입니다. 하지만 우리는 해낼 것입니다. 그러니 약해지지 마십시오! 약해지면 해낼 수 없습니다. 그 어느 때보다도 열심히 총체성을 지켜내십시오! 친애하는 여러분, 감사합니다.

결국 모든 것은 우리 한 사람 한 사람에게 달려 있습니다. 우리 각자가 차이를 만듭니다. 문제는 오직, '어떤 차이를 만들 것인가'입니다! 생각해 보십시오. 우리 삶의 한 부분, 하나의 행동, 한 순간이 모두 위대한 우주선 지구호를 안전한 항구로 몰고 갈 힘을 제공하는 지렛대입니다.

2018년 8월
제이미 스나이더

# 차례

# 책머리에

이제 인류는 성공적으로, 그리고 지속적으로 '살아남는' 선택을 할 수 있다. 그러기 위해서는 마음을 정하고, 적은 비용으로 많은 일을 해내는 원칙을 찾아 활용해야 한다. —벅민스터 풀러

나의 할아버지 벅민스터 풀러가 쓴 책 중 가장 중요한 작품으로 꼽히는 『우주선 지구호 사용설명서(Operating Manual for Spaceship Earth)』『유토피아 혹은 망각(Utopia or Oblivion)』『그리고 그것은 머물기 위해서가 아니라 지나가려고 왔다(And It Came to Pass—Not to Stay)』의 새로운 판본에 머리말을 쓰게 되어 큰 영광이다.(『우주선 지구호 사용설명서』는 1969년 처음 출간되었으며, 이 글은 손자 제이미 스나이더가 세 권을 시리즈로 묶어 2008년 새롭게 편집 출간하면서 쓴 것이다—옮긴이) 인류 역사에서 지금처럼 결정적인 시기에 새로운 세대의 관심을 가진 여러분에게 그의 작품을 소개하는 것은 큰 특전이다. 삼사십 년 전에 씌어진 이 작품들은 현재 우리가 활용할 수 있는 지혜의 타임캡슐이다. 이 책들은 인류를 위해 지속가능한 미래의 문을 여는 데 반드시 필요한 열쇠를 제공한다.

그가 세상을 뜨기 몇 년 전까지 할머니 앤과 나는 로스앤젤레스에서 함께 살았다. 어머니의 집도 바로 옆이었다. 할머니는 이 집에서 늘 살았지만, 버키는 여기저기서 **지구호(Spaceship Earth)**에 관한 강연을 하면서 이 '서해안' 기지와 필라델피아의 본사 사무실 사이의 궤도를 돌며 지냈다. 출장을 떠나는 버키를 공항까지 태우고 가다가, 이런 이야기를 들은 적이 있다. "제이미, 차

를 타고 가는 동안 삼십 분이 있구나. 우리가 할 수 있는 생각 중에 무엇이 제일 중요하겠니?" 나는 **그날** 무슨 이야기를 했는지 딱히 기억나지 않지만, 그것이 '온 세상이 100퍼센트 인류를 위해 돌아가도록 만드는' 큰 그림에서 벗어나지 않았으리라 확신한다. 버키는 그 논점에서 벗어나는 법이 없었다. 그것은 그가 언제나 항해의 길잡이로 삼는 '북극성'이었다.

그래서 나도 버키가 늘 이야기를 시작하던 방식대로 **"우리가** 할 수 있는 생각 중에 무엇이 제일 중요한가"를 생각하면서 이 짧은 머리말을 시작하고 싶다. 가족으로서 시간을 보내면서, 함께 프로젝트를 하면서, 비서로서 같이 출장을 다니면서, 강연을 준비하면서 긴 시간 동안 버키는 늘 인류가 '결정적인 시기'에 들어서고 있다고 말했다. 그는 오랜 연구 결과, 우리가 근본적인 '갈림길'에 도달했으며, 인류 **전체**가 **유토피아냐, 망각이냐** 하는 가장 심오한 선택의 기로에 섰다는 결론을 내렸다. 인류 역사를 **통틀어** 처음으로, 우리 인간은 이 지구상의 모든 생명을 파괴할 수 있는 잠재력을 얻었다. 그와 동시에 지속가능한 방식으로, 즉 화석연료와 핵에너지 사용을 단계적으로 중단하고 지금의 자원과 기술을 이용하여, 인류 100퍼센트를 위한 기본적인 생존 필수품(식량, 은신처, 에너지, 물 등)을 제공할 방법도 획득했다는 것이 그의 주장이었다.

버키와 함께한 이십팔 년 동안 나는 수백 번의 강연을 들었다. 지구의 동향이나 자연의 설계 원칙을 논의할 때나, 직접 고안한 발명품의 기술전략을 설명할 때나, '작은 개인'이 효과적인 변화의 중개자 역할을 할 수 있는 방안에 대해 이야기할 때나, 그는 우리가 사는 세상이라는 큰 그림을 잊는 법이 없었다. 매일 함께 지내고 곳곳에 동행했던 나는, 버키야말로 세상이 위급한 상황에 처했으며 (우리의 선택과 행동뿐만 아니라) 버키 자신의 모든 선택, 모든 행동이 '낙타의 등을 부러뜨리는 지푸라기'가 되거나, 혹은 인류의 생존을 보장하는 변화를 만들 수 있다고 생각하며 매 순간을 산 사람이라고 진심으로 말할 수 있다.

그는 '지구인들이 당면한 결정적 순간'을 강조하면서 사람들을 설득했다. 하지만 새로운 사상이나 시대를 앞선 통찰이 대개 그렇듯이, 당시에는 사람들이 버키가 남긴 이야기의 진정한 의미를 제대로 이해하지 못했다. 그것이 너무나 원대한 생각이었기 때문에 일상생활과 연결시키기가 어려웠을 것이다. "우리가 '세상이 모든 인류를 위해 움직이도록 만들 수 있다'는 게 사실인가?" "그것이 사실이라 하더라도 어떻게 나 혼자의 힘으로 그런 일에 도움을 줄 수 있을까?" 버키의 메시지를 처음 접하면 이런 질문이 당연히 떠올랐다. 그 후로 많은 사람들이 우리 사회가 직면한 과제를 해결하는 데 동참했지만, 인류의 '결정적 순간'이 닥쳤다는 긴박함은 편안한 삶을 즐기는 우리 '선진국' 사람들에게는 여전히 동떨어지게 느껴졌을지도 모른다.

하지만 이제 '지구인들이 당면한 결정적 순간'은 더 이상 새로운 개념이나 먼 가능성의 일이 아니다. 지구에 위기가 닥쳤음을 인류 전체는 자각하기 시작했다. 그리고 전 지구가 '귀환 불능 지점'을 향해 다가가는 동안 극적인 기후 변화와 엄청난 환경 파괴가 동시에 일어나고 있다. 계속되는 핵무기 위협과 대규모의 극빈층이 줄어들지 않는 상황은 말할 것도 없다. 전면적인 비상 사태에 돌입했음을 인정하지 않기가 점점 더 어려워진 셈이다. 가령 과학자들은 북극의 빙하가 이런 식으로 계속해서 녹는다면 오 년 내에 완전히 사라질 수도 있다고 한다. 하지만 우리가 이런 사실을 더욱 절박한 심정으로 자각한다 하더라도, 지구상의 모든 생명체가 지속적으로 생존하도록 만드는 시나리오로 **긴급 상황**을 해결하지 못한다면 그저 이 곤경을 **부인**하는 데 급급할 것이다.

그 시나리오를 이해하고, **지구호**가 지속가능성의 항로를 통해 '피난항'에

도착할 수 있도록 주도하는 능력을 이 책이 어떻게 키워 줄 수 있을까. 내 경험에 따르면 버키의 가장 큰 재능 가운데 하나는 오늘 당장 행동에 옮길 수 있는 구체적인 과제를 쉽게 발견하도록 아주 큰 그림을 보여 주는 것이다. 그는 우리 앞에 놓인 위기를 설명함으로써 가장 큰 변화를 이루어낸다. 그리고 이 과정을 '거시적으로는 총체적이며 미시적으로는 예리한' 방법이라고 설명했다. 양극단의 어느 한쪽만으로는 균형을 잡을 수 없으며, 그렇기에 결국 효과적이지 못하다는 것이 그의 시각이다. 그는 이 문제를 해결하기 위한 '위대한 전략'을 총체적 예상 설계 과학이라고 불렀고, 그것이 인류가 직면한 전 지구적인 과제를 해결하는 데 가장 효과적인 접근방법이라고 제안했다.

버키는 '인간을 개혁하기보다는 환경을 개혁하는 것'이 훨씬 더 쉽다고 주장하면서 설계 혁명(design revolution)을 지지했다. 예를 들어, 작은 마을 근처에 물살이 세고 위험한 강이 있어서 많은 사람들이 건너려다가 목숨을 잃은 후에 새로운 다리를 설계한다면, 사람들은 자연스럽게 생활 속에서 그 유용함을 발견할 것이라고 말했다. 마을 사람들이 그 다리를 사용하기 시작하면서 예전의 삶의 방식이 사라지고 새롭게 변할 것이다. 궁극적으로 금세기 중반이 되면 구십억에 도달할 수 있는 인구를 지구의 유한한 자원과 '에너지 소득'으로 먹여 살리면서 생태계를 파괴하지 않으려면, 우리 세계의 생명유지 체제를 새롭게 만들어내는 설계 차원의 혁신이 필요할 것이다. 올해의 컴퓨터가 작년 것보다 성능이 더 좋고 더 가볍듯이, 소형 형광등 전구가 백열등 전구보다 에너지는 적게 쓰고 더 오래 가듯이, 모든 인간을 위한 총체적인 성공 가능성을 실현하려면 지구의 전체 인프라가 지니는 효율을 높이는 수밖에 없다. 버키가 자연에서 늘 관찰해 왔듯이, 적은 비용으로 더 많은 일을 하는 것이다.

그렇다면 바로 지금, "우리가 생각할 수 있는 것 중에 가장 중요한 건 무엇일까?" 내일은 어떨까? 내일 겪게 될 구체적인 문제는 내일이 될 때까지 알 수 없겠지만, '지구인에게 결정적 순간'이 닥쳤다는 자각을, 우리는 앞으로 늘 가지고 살게 될 것이다. 유일한 문제는 심사숙고하여 건설적으로 대응할 것인가, 아니면 자동적으로 반응할 것인가 하고 버키는 질문했다. 그는 동료에게 다음과 같은 서신을 보냈다.

나는 전 세계에서 벌어지고 있는 파괴적인 유혈 혁명에 맞서, 건설적인 무혈 설계 전환 혁명을 시작하고 있습니다. 설계 과학 혁명을 통해 모두가 승리할 수 있습니다. 유혈 혁명에서는 아무도 승리하지 못합니다.

좋은 소식이 있다면 **설계 혁명**이 지구 전체에서 활발히 이루어지고 있다는 점이다. 몇몇 관계자들만 그것을 설계 혁명이라는 이름으로 부르지만, 전 세계 여러 개인과 조직, 기관은, 당면한 가장 어려운 문제에 대한 해결책을 설계하고 실행에 옮기는 과정에서 버키가 제안한 것과 같은 원칙을 활용한다. 신문 일면과 주요 텔레비전에서 다루는 논의 대부분이 동전의 '유혈' 면에 초점을 맞추고 있기는 하지만, 조금 더 자세히 보면 설계 혁명이 이루어지고 있다는 소식은 다른 모든 곳에서 계속 들려온다. 우리가 이 설계 혁명에 저마다 관심을 갖고 참여했기에 그 힘은 점점 더 강해질 것이다. 결국 그 힘이 충분할까? 그리고 너무 늦은 건 아닐까? 답은 아무도 모른다. 물론 우리 한 사람, 한 사람의 행동에…, 앞으로 살아갈 하루하루, 한 순간, 한 순간에 달려 있다.

고작 한 사람이 무슨 일을 할 수 있을까 생각하던 중 강력한 깨달음이 온 적이 있었습니다. 퀸 메리 호를 생각해 보세요. 큰 배가 지나가고 나면 방향타가 나옵니다. 그리고 그 방향타 끝에 트림 탭(trim-tab)이라는 아주 작은 것이 붙어 있습니다. 작은 방향타입니다. 그 작은 트림 탭을 움직이면 방향타에 압력을 가해 방향이 바뀝니다. 그렇게 하는 데 힘도 별로 들지 않습니다. 그래서 나는 한 개인이 트림 탭이 될 수 있다고 말했습니다. 사회는 여러분을 지나쳐 가고, 여러분의 손안에서 완전히 떠난다고 생각합니다. 하지만 머릿속으로 역동적인 일을 한다면, 발만 내밀어도 사회라는 큰 배를 움직일 수 있을 겁니다. 그래서 나는 이렇게 말했습니다. "절 트림 탭이라고 부르세요."
—배리 패럴과 벅민스터 풀러의 인터뷰.『플레이보이(Playboy)』 1972년 2월.


지구가 지금 당장 곤경을 겪게 되리라는 사실을 절감한 상태였기에 버키의 스물네 권의 저서 중에서 재발간할 책 세 권을 결정하기가 더욱 어려웠다. 그 책들이 우리 시대의 가장 강력한 **트림 탭**이 될 것이기 때문이다. 우선『우주선 지구호 사용설명서』를 고르는 건 어렵지 않았다. 짧고, 명료하지만, 모든 사람에게 '세상을 제대로 작동하는 법'에 관한 **큰** 그림을 그려 주는 책이다. 1969년, 이 책은 버키의 베스트셀러 중 하나였다. 그리고 이 책과 대조를 이루는 속편『유토피아 혹은 망각』이 있다. 버키 특유의 문제가 드러나는 저서로서, 포괄적이고, 굉장히 반복적이며, 순수하고, 그가 세상 사람들에게 전한 이야기를 삭제나 가공 없이 모아 놓은 책이다.

처음에는 세번째 책은 버키가 지구 전체에 대한 비전을 보여 주는 삼부작의 마지막 권이 되도록『지구 주식회사(Earth, Inc.)』나『거인의 강탈(Grunch of Giants)』로 정해야 한다고 생각했다. 그러다 **문득** 깨달았다. 여기서 **세계**란 곤경에 처한 세계이며, 이 세계는 내가 아는 버키의 일면에 불과했다. 버키는 항상 진정한 **큰 그림**은 우주라고 생각했기 때문이다. 그래서 나는 '서정적'이며 철학적인 글을 찾아보았고, 버키의 '시', 혹은 그의 말을 빌자면 '감정을 토로한 산문'에서 고르기로 했다. 강연 내용의 기록과 달리, '시'는 손에 펜을 들고 언어와 우주의 영역을 개척하는 버키라는 사람을 굉장히 가까이에서 보여 준다. 버키가 지닌 모든 면을 다 보여 주는 시리즈를 만들고 싶었기에, 『그리고 그것은 머물기 위해서가 아니라 지나가려고 왔다』가 가장 적당할 것 같았다. 그 책은 전 우주를 아우르는 숭고한 아름다움에서 시작해 변화하는 세상에 대한 경외로 옮겨 가며, 내가 가장 좋아하는 글 「내가 아는 것이 얼마나 적은가(How Little I Know)」로 끝난다.

수십 년 만에 처음으로 이 세 권의 책을 다시 읽어 본 시간은 뜻밖의 여정이었다. 내 어린 시절, 버키의 세계관이 우리 가족의 생활 구석구석에 스며들어 있었고, 1983년 그가 세상을 뜬 뒤 내가 평생 해온 일도 그의 유산과 떼어 놓을 수 없는 것이었지만, 이렇게 작품을 다시 읽어 보니 새로운 감명을 받는다. 특히 이 작업을 시작한 후, 나의 이해력도 성장했음을 느꼈다.

십대 시절, 버키의 책을 받아서 늘 읽기는 했지만, 그 의미는 겨우 짐작만 할 정도였다. 그 후 살아오면서 책의 내용을 이따금 참고하기는 했지만, 지난 겨울 석 달 동안 그랬듯이 집중하여 처음부터 끝까지 차분히 앉아서 읽은 적은 없었다. 중년이 되어 새로운 시각으로 이 책을 읽으면서 우리 세상에서 일어난 극적인 변화를 생각해 보니, 버키가 전하는 핵심 메시지가 처음으로 제대로 들리는 것 같았고, 깊은 울림까지 느낄 수 있었다. 한편으로 그것은 먼과거에서 들려오는 소리 같았고, 또 다른 한편으로는 현재 이십일세기 초 우리 시대를 정확히 겨냥한 메시지처럼 느껴졌다.

그렇게 읽는 동안 인간이 시간을 거슬러 올라가거나, 미래로 나아가는 것에 얼마나 크게 매료되는지 기억하게 되었다. 요즘은 비디오카메라가 흔해졌으므로 "자, 우리가 죽고 난 뒤 자손들에게 남길 말을 녹화해 두자"라는 생각을 누구나 떠올려 보았을 것이다. 그럴 땐 뭐라고 말할 것인가. 자손들의 삶에 길잡이가 되도록 어떤 지혜를 전할 것인가. 버키의 책을 다시 읽고 있으니 다락방에서 그런 지혜가 담긴 보물을, 그가 남긴 중요한 메시지를 발견한 느낌이었다. 그것은 과거의 버키가 눈앞에 닥친 위기를 성공적으로 해결할 방법을 찾아야 하는 **중대한 시점**에 처한 현재의 우리들에게 전하는 내용이었다. 그리고 그가 그토록 '시대를 앞서는' 분이었고, 온갖 '＊％＃＆＄＠！'이 터져 나오기 전에 '결정적 순간'이 빠르게 다가오는 것을 보았기 때문에, 그 메시지가 오늘날 이토록 소중하다.

자라면서 나는 이 책들이 만들어지는 과정을 지켜보았다. 『유토피아 혹은 망각』은 버키가 육십년대에 했던 강연을 엮은 책이다. 그리고 어린 시절 내 기억 속의 그는 끊임없이 움직였다. 이곳저곳으로 강연을 다녔고 내가 살던 로스앤젤레스에도 자주 찾아왔다. 공개 강연에 처음 참석했던 게 언제인지 정확히 기억나지는 않지만, 육십년대 말에 나는 이미 여러 곳을 함께 참석했다. 그리고 버키는 항상 '생각을 이야기하는' 모습을 보여 주었다. 차에서, 식사 후 식탁 주위에서, 혹은 집에서 인터뷰를 하다가도 말이다.

내가 십대 초반일 때 버키가 『우주선 지구호 사용설명서』의 원고를 편집하는 모습을 본 기억이 난다. 동해안으로 가는 비행기에서 할아버지 옆에 앉아서, 혹은 여름에 메인(Maine)의 해안에서 보트를 타고서, (버키가 작업하기 가장 좋아하던 곳인) 우리 집 식탁 주위에서, 나는 그가 이 원고 뭉치를 읽고 또 읽으면서 설명을 달고, 색색의 화살표와 도표를 붙이고, 종이를 덧대는 모습을 보았다. 가족이나 친구, 동료 들과의 모임에서 버키는 작업 중인 원고를 소리내어 읽거나, 다른 사람들에게 읽게 했다. 구경만 해도 흥미로웠고, 어떤 내용의 책일지 궁금해졌다. 고등학교에 입학한 무렵, 나는 버키의 책을 '혼자서' 읽고 싶었고, 크리스마스에 책을 선물 받았다.

최근 나는 스탠퍼드 대학교의 풀러 아카이브에서 또 하나의 교차점을 발견하고는 상당히 놀랐다. 『그리고 그것은 머물기 위해서가 아니라 지나가려고 왔다』의 작업 원고를 살펴보던 중, 원고 끝에 새롭게 타자한 장소를 전부 기록해 놓은 것을 발견했다. (버키는 늘 철저히 기록하는 것을 중시했다.)

벅민스터 풀러, 1974. 8. 4. 메인 주, 베어 아일랜드.

1974. 9. 24. 이란 시라즈에서 수정 및 재입력.

1974. 10. 1. 인도 뭄바이에서 수정 및 재입력.

1974. 10. 6. 인도 뉴델리에서 수정 및 재입력.

1974. 11. 22. 미국 펜실베이니아 주, 필라델피아에서 수정 및 재입력.

1974. 12. 4. 미국 펜실베이니아 주, 필라델피아에서 수정 및 재입력.

1975. 1. 31. 미국 펜실베이니아 주, 필라델피아에서 수정 및 재입력.

여기에 주목하게 된 것은, 그 기간이 버키와 함께 내가 일 년 반 동안 전 세계 강연 여행을 다닌 시기였기 때문이다. 대단히 힘든 일정이었다. 그 기간 동안 버키는 평균 사흘에 한 번 강연을 했다.

마치 '웜홀(worm-hole, 우주 공간에서 블랙홀과 화이트홀을 연결하는 통로를 의미하는 가상 개념—옮긴이)'을 통과해 시간을 거슬러 올라가듯, 그 아카이브의 다른 폴더에서 작은 쪽지를 발견했을 땐 소름이 끼쳤다. 그 폴더에는 이 책의 한 장(章)의 집필을 시작하면서 써 둔 내용이 들어 있었다. 당시에는 '1976년의 시'라는 제목이었다. 여기저기서 잘라내어 테이프로 붙인 기록 중 내 글씨체로 다음과 같이 적힌 종이가 있었다.

진정한 부유함이란

옷을 입히고

쉴 곳과 먹을 것을 마련하고

보호하고 알려 주고

인간의 삶이 지닌 계획을

수용하기 위해

이미 성취한

인간 능력의 조직이다

진정한 부유함의 크기는

앞으로 남은 날과

이미 존재하는

인간의 수로

이루어진다

이 시의 뒷면에는 버키가 그린 기하학적 구조가 있었다. 어느 날 오후, 버키와 함께 적은 종이다. 전 세계의 상태와 그 '경향', 그리고 성공 가능성을 가늠해 보려는 한 사람의 사고 과정을 보여 주는 쪽지였다.

이 책은 미래의 **지구호**를 열심히 살펴본 한 남자가 우리 시대를 위해 남긴 첫 '스냅사진'과 비슷하다. 1968년, 아폴로 8호에 탑승한 우주비행사 빌 앤더스(Bill Anders)가 달에서 지구를 찍은 유명한 사진, 〈지구돋이(Earthrise)〉와 마찬가지로 우리 자신을 처음 보는 것 같은 느낌을 주는 책이다. 그리고 버키의 카메라 렌즈 기술이 오늘날에 비하면 상당히 원시적인 데도 불구하고, 이십일세기에 진입하는 인류에게 주어진 과제와 그 잠재력을 감안하여 제시한 '큰 그림'은 굉장히 선명하다.

버키의 글 속에서 현재의 경향이 어디로 향하고 있는지 살피고 예측하려는 노력이 있음을 독자 여러분도 발견하게 될 것이다. 버키는 예측을 즐기고 그 의의를 중요시했으며, 그것을 **예언**이라고 부르곤 했다. 가령 이 시리즈 세 권을 집필하는 동안, 그는 방 하나 크기의 초기 '메인-프레임' 컴퓨터를 사용할 수 있기를 소망했다. 버키는 그 컴퓨터를 이용해 직원들의 도움을 받아서 삼십 년 이상 '수작업'으로 수집하고 정리한 **지구 전체의 자원, 인적 경향 및 요구 목록**을 전산화하기를 원했다. 이 책 속에서 버키는 컴퓨터를 이용해 우리 세상을 어떻게 극적으로 바꿀 수 있는지 여러 차례 예측했다.

1975년에 버키는 이렇게 말했다.


모든 관련된 물질대사적 정보를

정리하고 계산하며 재입증하는

컴퓨터의 능력 덕분에

인류는 해야 할 일과

할 줄 아는 것

할 수 있는 것을

모두 알게 될 것이다.

그리고 사실 인류가 할 수 있는 일은

그것뿐임을 알게 될 것이다.

—『그리고 그것은 머물기 위해서가 아니라 지나가려고 왔다』 중에서.


우리는 태양 아래 모든 것을 '정리하고 계산하며 재입증하는 컴퓨터의 능력'의 도움을 받았다. 버키가 세상을 뜨기 얼마 전, 애플에서 버키의 직원에게 조그만 애플 II 컴퓨터를 보내기도 했다. 그렇지만 그는 이 컴퓨터를 이용해 전 세계 데이터 목록을 '전산화'하는 것은 보지 못했다. 우리가 지금 보유하는 것처럼 방대한 지구 정보의 데이터베이스를 가지고 연구하는 시대가 오리라는 것을 버키는 예측했지만, 실행에 옮기지는 못한 것이다.

2000년이 되기 전 인구가 오십억에서 감소할 것이라고 예상하는 등, 버키의 예측 중에서 몇 가지는 틀렸음을 여러분도 알게 될 것이다. 그럼에도 불구하고 인구 전문가들은 실제로 인구가 안정화될 것이라고 예측한 점에서 버키와 의견을 함께한다. (유엔에서는 2050년까지 구십억을 예상한다.) 그리고 생활수준을 향상시키기 위한 기능으로서 출산율이 급격히 감소한다거나 점진적인 수명 증가로 인한 인구 불균형이 올 거라는 버키의 통찰은 정확했음이 밝혀졌다.

1965년 미국 노동부 위원회 회의에서 버키는 다음과 같이 말했다.


(…) 현재 산업사회는 엄청나게 늘어날 에너지 소득에만 전적으로 의존하면서 크게 성공할 거라는 생각을 하고 있습니다. 그러나 화석 연료라는 형태로 우리가 갖고 있는 '저축' 에너지를 태워 자본금을 없애며 살고 있는 현재의 상황으로는 있을 수 없는 일입니다.

가령 이용 가능한 조류라든가 바람, 태양열, 알코올을 생산하는 식물 등의 천연 에너지 '소득'을 이용해 기계를 움직이고 인간이 지닌 물리적인 장점을 향상시켜 모든 인류를 효율적으로 보살피도록 전기를 제공할 수 있습니다….

—『유토피아 혹은 망각』 중에서.

또 1967년 강연에서 버키는 가장 좋아하는 단어 **시너지(synergy)**에 대해서 이렇게 이야기했다.

> (…) 부분이 예상하지 못하는 전체의 행동을 의미하는 단어가 시너지 하나뿐임을 보면 (…) 전 세계를 돌며 백 번 이상의 강연을 하면서 질문해 보니, 시너지라는 단어를 들어 본 대학생은 삼백 명 중 한 명꼴도 되지 않았다. 그리고 그런 의미를 가진 단어는 그 하나뿐이다. 결론적으로 세계는 부분이 예측하지 못하는 전체 시스템의 행동이 있다는 생각을 하지 못함이 분명하다. 이는 지나친 전문화가 낳은 결과이며, 전체를 아우르는 일을 (…) 왕이나 지역 정치가들에게 맡겨 온 탓이다.
> ─『우주선 지구호 사용설명서』, 73-76쪽.

오늘날 **시너지**는 경영학 논문에서부터 아이스크림이나 동네 헬스 스파의 광고에 이르기까지 너무나 많이 사용되는 단어라 누구나 직관적으로 그 단어를 알고 있다고 생각할 것이다. 그렇다면 우리가 '큰 그림'을 그 어느 때보다도 선명히 볼 수 있다는 의미이길 희망해 보자. 버키가 예전에 말했듯이, "사람들이 그것이 무엇인지 다 알게 되면 다른 사람이 이래라저래라 알려주지 않아도 되니까."

버키의 글을 처음 읽는 여러분에게 그의 우주를 살펴보는 데 도움이 될 만한 몇 가지 요령을 귀띔하고 싶다. 대단히 거시적인 차원에서 미시적인 차원으로, 총체적인 범위에서 하나를 콕 짚어내는 구체적 범위로, 모든 것이 앞뒤 분간을 못할 정도로 늘어나고 뒤집히는 경험을 하게 될 것이다. 그것을 새로운 방향감각을 얻는 과정이라고 생각하라. 참된 방향감각을 얻으면 처음에는 어지러울 수도 있다. 천천히 적응하도록 하라. 버키의 책은 정상적이고 습관적인 사고 과정의 '틀'에서 벗어나 훨씬 더 멀리까지 도약하기 위한, '형태 변화'의 도구이자 촉매이다. 이 책에서 소개하는 내용을 철저히 살피고 소화하려면 하루에 한 가지씩 차근차근 읽어 나가는 편이 나을 수도 있다. 그러면서 매일, 매주, 매달 인식의 변화를 느끼는 것이다. 새로운 언어나 새로운 컴퓨터 프로그램을 배울 때처럼, 스스로를 격려하라. 오늘날 뇌 연구자들은 버키의 책을 읽는 것이 뇌세포와 그 연결망을 생성시키는 데 도움이 될 만한 작업이라고 생각할 것이다.

버키는 새로운 단어를 만들어내기도 하고, 평범한 단어를 새로운 방법으로 쓰기도 하는데, 우리가 물려받은 제한적인 사고방식에서 벗어나기를 시도하기 때문이다. 서른두 살 때부터 버키는 사용하는 단어에 대해 깊이 생각하고, '모두가 말하는' 방식으로 말하기를 거부하고, 듣기 좋은 말만 하려는 마음을 떨쳐버리는 것을 규칙으로 삼았다. 예를 들어 "수백 년째 지구가 태양 주위를 돈다는 사실을 알고 있음에도 불구하고 우리는 아직도 **해가 뜬다**거나 **해가 진다**는 말을 쓴다"고 지적하곤 했다. 그러자 어떤 사람은 그 대안으로 **해가 보인다**와 **해가 가려진다**라는 표현을 제안했고, 버키는 곧바로 그렇게 말하기 시작했다.

그의 글을 읽을 때면 외국어 수업에서 배운 방법을 적용하는 것도 유용하다. 새로운 언어로 대화를 시작하면 단어 하나하나를 각기 파악하려고 하지 않고, 일단 말을 해 본다. 처음에는 여러 가지 세세한 규칙은 놓친다 하더라도, 말을 계속하는 데 집중하는 것이다. 그렇게 대화를 계속하는 능력을 얻고, 큰 그림과 그 아래 놓인 원칙에 집중할 수 있으면, 모든 세부적인 것들이 분명하지는 않더라도 맥락을 파악할 수 있기 때문이다. 마찬가지로, 버키가 무슨 말을 하는지 전체적으로 이해하고 나면 여러분도 그 글을 다시 읽고 싶어지고, 차츰 세세한 내용을 살피기 시작할 것이다. 버키는 이것이 바로 우주의 원칙이라고 했다. '전체'나 개요부터 시작한 뒤 '부분'이나 세부사항으로 나아갈 때, 모든 문제 해결이나 비판적 사고에 근본적인 도움이 된다는 것이다.

버키의 오랜 친구이자 가까운 동료였으며, 뛰어난 시스템 분석가이자 엔지니어인 돈 무어(Don Moore)는 늘 이렇게 말하곤 했다. "버키는 내가 아는 사람 중에서 결코 맥락에서 벗어나지 않는 유일한 사람이다." 그리고 버키에게 그 맥락, 즉 인류가 직면하고 있는 과제 속에서 우리가 나아갈 길을 또렷이 바라보는 방법은 항상 '우주 전체와 함께 시작'한다. 우리 세상이 지닌 문제의 해답은, 우리 주위에, 우주가 만들어 놓은 아름다운 설계 속에 존재하기 때문이다. 그리고 결국 버키가 가리키고 있는 것은 자신이 발견한 사실이나 수치, 특정한 예측이나 해결책보다도, 우주의 이면에 자리 잡고 있는 원칙이다. 우리가 눈여겨 살핀다면, 자연은 최고 수준의 설계와 기술을 알려 줄 것이다.

2008년 5월 캘리포니아에서

제이미 스나이더

# 1   총체적인 경향

나는 인류가 지닌 뛰어난, 그리고 가끔은 시기적절한 임기응변의 재주를 높이 평가하는 사람이다. 난파한 배에 타고 있었는데 구명보트가 모두 사라졌다면, 몸을 띄울 수 있을 정도의 피아노 뚜껑만 떠내려와도 운 좋게 목숨을 건질 수 있다. 하지만 그렇다고 해서 최고의 구명대가 피아노 뚜껑처럼 생겨야 한다는 뜻은 아니다. 그런데도 우리는 너무 많은 경우에 피아노 뚜껑을 붙잡고서, 운 좋게 얻은 방책이 문제 해결의 유일한 수단이라고 여기는 것 같다. 인간의 두뇌는 구체적인 경험만을 다룬다. 구체적인 경험 하나하나에서 예외 없이 작용하는 일반 원칙을 발견해내는 것은 정신의 능력이다. 그러한 일반 원칙을 감지해 숙련할 때 비로소 모든 경우에 도움이 되는 지식이 되는 것이다.

우리는 어린 시절 자발적으로 세운 계획을 너무 쉽게 포기해 왔기 때문에, 자신이 가진 잠재력을 긍정하지 않는 경향이 있다. 범위도 좁고 근시안적인 전문분야만을 다루고, 모든 인간이 갖고 있는 딜레마를 해결할 방법은 타인에게, 주로 정치가들에게 맡기는 게 쉽다고 여긴다. 이처럼 좁은 범위의 문제에 집중하려는 어른들의 경향에 맞서, 나는 내가 할 수 있는 한 가장 멀리 생각함으로써 가능하면 많은 문제에 대처하기 위해 '어린아이처럼' 노력해 보려 한다. 그렇게 한다고 해서 먼 미래까지 갈 수는 없다 해도 말이다.

나는 미국 해군사관학교에서 훈련을 받았고 천문항법과 항공기조종술, 탄도학, 병참학, 그리고 오늘날 일반 시스템 이론(general systems theory)을 이끌어낸, 과거의 해군 지배의 근간이 되었던 장기 예측 설계 과학이라는 강력한 예측 기술을 실제 경험했다. 그렇기에 전 인류가 나아가는 방향에 대해서 얼마나 멀리까지 예측할 수 있는지, 그리고 주어진 데이터로부터 물리적인 세부사항을 얼마나 효과적으로 해석할 수 있는지 1927년부터 살펴보기 시작했다. 그리고 이십오 년 정도의 기간을 꽤 타당하게 예측 가능하다는 결론에 도달했다. 그 정도면 하나의 산업 '도구(tooling)' 세대에 해당하는 셈이다. 평균적으로 모든 발명품은 약 이십오 년마다 녹여 새로운, 대체로 더 효과적인 용도를 위해 재활용된다고 본다. 어쨌든 1927년 나는 한 가지 예측을 내놓았다. 그 때 내놓은 예언은 대부분 1952년까지만 해당되었다. 즉 이십오 년 정도의 기간이었지만, 그중 몇몇은 오십 년, 즉 1977년까지 해당되기도 했다.

1927년에 한 그 예언을 묻는 사람들에게 1950, 1960, 1970년대에 대해 예측한 바를 이야기하면, "굉장히 재미있군요. 당신은 천 년은 앞서 가고 있어요" 하고 반응하곤 했다. 미래 예측을 연구하는 사람으로서, 다른 사람들은 천 년의 세월을 내다볼 수 있는데 나는 그 사십분의 일밖에 내다보지 못하는 것이 오히려 놀라울 지경이었다. 세월이 흐르며 사람들은 내가 백 년 앞서 있다고 했고, 이제는 내가 시대에 조금 뒤처져 있다고 한다. 하지만 그동안 사람들이 낯선 것에 대해 어떤 반응을 보이는지 지켜보았고, 변화한 현실이 너무나 쉽게 '자연스럽게' 느껴진다는 것을 알게 되었다. 그러므로 사람들이 나를 보고 시대에 좀 뒤처져 있다고 하는 것은 내가 예측한 변화가 예정대로 일어났기 때문이었다.

그렇지만 이와 같은 경험 덕분에 다음 이십오 년 동안 일어날 사건을 논의하는 데 자신감이 붙었다. 우선, 현재 우리가 갖고 있는 핵심적인 데이터에 대해서 몇 가지 짚어 보고 싶다. 가령 인류의 절반 이상이 아직도 비참한 빈곤상태에서 살고 있으며, 총체적인 물질적 환경이 바뀌지 않는 한 비운을 피할 수 없는 처지다. 가난한 사람들을 쫓아내고 지저분한 가옥을 훨씬 더 비싼 건물로 교체해서 원래 살던 사람들이 살수 없도록 하는 것은 물론 해결책이 아니다. 그럼에도 불구하고 우리 사회는 그렇게 피상적이고 일시적인 처방을 여러 가지 채택하고 있다. 어제의 부정적인 것들이 익숙한 자리에서 보이지 않는다는 이유로, 문제가 해결되었다고 여기는 사람들이 많다. 오늘날 겪는 많은 어려움은, 비용을 너무 근시안적인 데다 써 버린 뒤, 바로 그 근시안적 태도로 인해 생겨난

추가 비용에 당황하기 때문이다.

물론 우리의 실패는 여러 요인이 합쳐져 일어난 결과이지만, 아마도 가장 중요한 것은 전문화가 곧 성공의 열쇠라는 논리를 바탕으로 사회가 작동할 뿐, 전문화가 총체적인 사고를 배제한다는 사실을 깨닫지 못한다는 점이다. 즉 사회에 누적된 기술적 경제적 혜택을 수많은 전문화 과정으로 인해 통합적으로 이해하지 못하고, 그것을 제대로 실현하지 못한 채 신무기나 전쟁 산업 지원에서만 부정적인 방식으로 사용하고 있다.

대학들은 점점 더 미세한 전문화를 위해 조직되어 왔다. 사회는 전문화가 당연하며, 불가피하고, 바람직하다고 상정한다. 하지만 어린아이를 관찰해 보면 우리는 그 아이가 모든 것에 관심을 가지고, 점점 확장되는 경험을 즉흥적으로 파악하고 이해하며 조합하는 것을 알 수 있다. 아이들은 천문대 가기를 아주 좋아한다. 인간의 삶에서 모든 것을 이해하고 모든 것을 조합해내려는 욕구보다 더 중요한 것은 없어 보인다.

인류의 가장 주된 욕구 중 하나는 이해하고 이해받고자 하는 것이다. 인간 외의 모든 생물들은 굉장히 전문적인 과제를 수행하도록 설계되었다. 인간은 주위에서 벌어지는 온갖 일들을 총체적으로 이해하고 조정한다는 점에서 다른 생물과 다르다. 자연이 인간을 전문가로 만들고자 했다면, 인간에게는 눈이 하나 달려 있고, 거기 현미경이 붙어 있었을 것이다.

자연이 인간에게 원한 것은 최대한 다방면으로 적응하는 능력이다. 그래서 자연은 인간에게 조종계기판에 해당하는 두뇌뿐만 아니라 정신을 주었다. 정신은 하늘을 나는 것과 바다 깊이 다이빙하는 것까지 모두 관장하는 보편적인 원칙을 파악하고 이해하며, 그래서 인간은 날개와 폐를 달았다가 쓰지 않을 때는 떼어낼 줄 안다. 나는 데 전문가인 새는 걸으려고 하면 날개의 방해를 받는다. 물고기는 바다에서 나와 땅 위를 걸을 수 없다. 새와 물고기는 전문가이기 때문이다.

물론, 인류는 아이들이나 교육 과정에 대해 이제야 행동 과학을 연구하며 조금씩 배우기 시작했다. 이전에는 어린이가 속이 텅 빈 두뇌 수용체라고 생각했고, 교육하려면 체계적으로 얻은 지혜를 주입하면 된다고 여겼다. 하지만 현대의 행동 과학 실험에 따르면 그런 발상은 별 효과가 없다.

새로운 생명체가 언제나 총체적인 경향을 보인다는 점을 고려했을 때, 모든 아이들이 지니는 매우 즉흥적이고 총체적인 호기심을 무시하고, 좁은 범위의 전문화 과정만이 정규 교육에 자리 잡게 된 까닭이 무엇인지 궁금하다. 역사를 그리 오래 거슬러 올라가지 않아도 해답은 나온다. 아직 인류가 무지하던 시절, 검을 휘두르며 용감무쌍하게 힘을 과시하는 위인들을 보자. 제 수명대로 살 수 있는 사람은 인류의 1퍼센트도 안 되는 경제 조건, 그 속에서 대부분이 고통받는 초기 사회가 등장한다. 이와 같은 암울한 경제 상황은, 본능에 따라 아이를 많이 낳으면서도 필수 자원은 부족하고, 주어진 환경에 제대로 대처하는 능력은 없는 무지한 사회 탓으로 여겨졌다. 그렇게 고통받는 사람들에게 약삭빠른 지도자들이 이렇게 말했다. "나를 따르라. 그러면 우리는 남들보다 잘살게 될 것이다." 이 지도자들 가운데 가장 강력하고 기민한 사람들이 전문화를 발명하고 발전시켰다.

인간 역사의 전체적인 양상을 살펴보고, 지구의 사분의 삼이 물이라는 사실을 관찰하면, 언젠가는 하늘을 날고 잠수함을 타고 바닷속에 들어갈 인간들이 과거에 스스로를 보행자라고, 육지 전문가라고 생각했던 이유를 쉽게 짐작할 수 있다. 지표면 사분의 일에 해당하는 육지에 갇혀 있었기 때문에 그들은 농부나 사냥꾼으로 전문화된 것이다. 혹은, 지도자의 명령에 따라 군인으로 전문화되었다. 지표면에서 육지에 해당하는 25퍼센트 중, 인간이 그냥 살기에 좋은 곳은 절반에도 미치지 않는다. 따라서 역사를 통틀어 인류의 99.9퍼센트가 전체 지표면의 10퍼센트만을 차지하는, 살기 쉬운 곳에서만 거주해 왔다. 살기 좋은 곳은 한 덩어리로 모여 있지 않고, 거대한 지표면 여기저기 흩어진 수많은 땅덩어리로 이루어져 있다. 이처럼 멀리 떨어진 소집단은 서로의 존재를 전혀 알지 못했다. 그들은 자신이 사는 곳을 벗어나면 매우 다른 환경이나 자원 패턴이 다양하게 존재한다는 사실을 몰랐다.

하지만 발명과 실험 과정을 거쳐 차츰 강과 만(灣)에서, 다음에는 해안선을 따라서, 그 다음에는 연안에서 뗏목과 통나무배, 풀로 짠 배, 돛이 달린 카누를 띄우는 사람들이 생겼다. 마침내 그들은 늑재(肋材)를 설치해 큰 낚싯배를 만들었고, 그 덕분에 점점 더 오랜 기간 바다에 나갈 수 있었다. 더 크고 기능이 뛰어난 배를 개발한 뱃사람들은 마침내 거친 바다에서 몇 달씩 지내는 일이 가능해졌다. 이 모험가들은 바다에서 일상적으로 생활하게 된 것이다. 그러면서 전 세계를 돌며 빠르게 커다란 부를 축적하는 사업을 시작하는 것은 필연적인 수순이었다. 이와 같은 과정을 거쳐 그들은 최초의 세계인이 되었다.

바다에 자리 잡은 이들은 육지와 바다에서 칼을 아주 잘 썼다. 그들은 미래를 내다보는 혜안과 선박 설계 능력, 독창적인 과학적 구상 능력, 안개가 끼고 밤이 되거나 폭풍우가 몰아칠 때, 보이지 않는 암초, 모래톱, 해류가 미치는 위험에 대처하는 항해술 및 탐험술, 이를 뒷받침하는 수학적 능력도 갖추고 있었다. 위대한 해양 모험가들은 크고 복잡한 선박을 생산하는 데 필요한 금속공업, 목공업, 직조 기술자 등의 인력을 징발하기 위해서 육지에서도 모든 사람들을 통솔할 수 있어야 했다. 모험가 자신과 선박 제작에 집중하는 기술자들이 육지의 사냥꾼과 농부가 생산하는 식량을 편히 조달받으려면, 권위를 확립하고 유지해야 했다. 여기서 우리는 총체적 비전을 가진 선구자이자 조정 능력이 뛰어난 검술사인 해양 모험가가 지닌 절대 권위 아래서 전문화가 크게 증폭되는 것을 알 수 있다. 그의 '배가 들어오면', 즉 몇 년간의 긴 모험을 끝내고 무사히 돌아온다면, 그의 영역 내에 있는 모든 사람들이 잘살게 되고 지도자로서의 권력도 매우 막강해진다.

이런 최고 권력자들의 수는 아주 적었다. 하지만 그들은 해양 모험을 계속하면서 온 세상의 사람들과 땅이 바다를 통해 연결된다는 사실을 차츰 알게 되었다. 무지한 선원들은 이를 모른다는 것도 깨달았다. 그들은 주로 술집에서 취해 쓰러져 있다가 배에 끌려와 눈을 뜨면 이미 사방이 바다였고, 항해 지식이 없어 어디로 가는 건지 알지 못했기 때문이다.

바다의 주인들은 사람들이 타지역 사람들에 대해 전혀 모른다는 것을 알게 된다. 위대한 모험가들은 지구의 자원이 매우 불균형하게 분포되어 있음을 깨달았다. 서로 멀리 떨어진 다양한 자원을 한곳에 모음으로써 도구와 서비스, 높은 혜택과 가치를 가진 소비재를 생산하는 데 상호 보완의 역할을 할 수 있다는 사실도 알아차렸다. 따라서 이전까지는 전혀 쓸모가 없어 보였던 한 지역의 자원이 갑자기 높은 가치를 지니게 되었다. 해양 모험가들이 자원을 통합해 만들어낸 생산품을 간절히 사고 싶어 하는 전 세계 고객에게 분배하면서 막대한 부가 생겨났다. 선박을 소유한 선장들은 자연자원 덕분에 많은 양의 짐을 배로 운반 가능함을 알게 되었다. 동물이 나르거나 인간이 질 수 없는 큰 짐도 배로는 옮길 수 있었다. 게다가 선박은 만이나 바다를 건너기 때문에 해안을 돌아가거나 산을 넘는 것보다 훨씬 짧은 기간에 목적지에 도착했다. 이렇게 소수의 바다 주인들은 엄청난 부와 권력을 쥐게 되었다.

**지적 전문화(intellectual specialization)**의 발전을 이해해 보려는 우리의 첫번째 목적을 위해, 숱하게 많은 물리적 신체적 기술적 전문가들과 대비되는, 바다의 지도자들이 지닌 총체적 지적 능력을 좀 더 알아보아야 한다. 위대한 해양 모험가들은 늘 세계 전체를 생각했다. 세계의 바다는 서로 연결되고 지구의 사분의 삼을 뒤덮고 있기 때문이다. 다시 말하자면 케이블과 무선이 발명되고 이용되기 전까지는 99.9퍼센트의 인류가 자기가 사는 지역만을 생각했다는 뜻이다. 최근 개발된 통신 기술 덕분에 먼 곳의 사람들과도 가까워지고 세계 전체에 대한 의식이 널리 퍼졌음에도 불구하고 1969년의 우리 역시 아직은 주권 중심의 분리체제라는 배타적이고 케케묵은 방식의 정치 조직을 갖고 있다.

다양한 땅에서 태어난 사람들에게 각기 '군주'(최고 병기를 사용해 집행한다는 뜻에서)가 있다는 '국수적인' 주장을 함으로써, 점점 더 전문적인 노예 상태와 분화된 정체성이 생겨난다. 이처럼 노예 '분류'를 해온 탓에, "어디에 삽니까?"라든가 "당신은 무슨 일을 합니까?" "무슨 종교입니까?" "무슨 인종입니까?" "무슨 국적입니까?" 따위의, 비과학적이고 무의미한 질문이 오늘날 논리적인 질문으로 간주된다. 이십일세기가 도래하면, 인류도 이런 질문이 터무니없고 반(反)진화적인 질문임을 알게 될 것이다. 혹은 인간이 더 이상 지구에 살지 않을 것이다. 왜 그런지 이해할 수 없다면, 내 이야기에 귀 기울여 보시길 바란다.

## 2 전문화의 기원

좀 더 먼 역사 속에서 전문화의 기원을 찾아봄으로써 우리가 가진 잘못된 개념을 바로잡거나 없애야 한다. 역사적으로 이십세기 이전에 살던 평균적인 사람들은 지구 전체의 백만분의 일 정도밖에 보지 못했다. 이처럼 제한된 경험으로 인간은 자신이 사는 지역에 초점을 맞춘 전문화된 시각을 얻었다. 세상이 편평하다고 생각했고, 세상은 당연히 둥그런 수평 판이 무한히 뻗어 나가는 형태를 갖는다고 생각했다. 지금도 학교에서는 아이들에게 이해할 수 없는 무한대를 향해 '영원히' 계속되는 선과 면을 보여 주면서 교육을 시작한다. 그처럼 지나치게 단순화한 시각은 사람을 오도(誤導)하고, 눈을 가리며, 심신의 발달을 저해한다. 그것이 통합된 경험의 중요성을 발견하지 못하게 하기 때문이다.

인류로부터 지식을 통제하거나 제한하는 이러한 상황에서, 총체적인 정보를 갖고 바다로 나갔던 모험가들에게 진정한 경쟁자란, '그 **모든** 것이 무엇인지' 경험으로 이미 알고 있거나 배우려고 하는 다른 강력한 무법자들뿐이었다. 나는 이처럼 바다를 지배한 사람들을 **위대한 무법자**나 **위대한 해적**이라고 부른다. 육지에서 포고하고 실행한 자의적인 법은 해안 너머와 바다에 나가 있는 사람들을 효과적으로 통제할 수 없기 때문이다. 그래서 바다에 사는 세계인들은 타고난 무법자였으며 그들을 다스릴 수 있는 법은 자연법, 즉 화가 나면 잔인하고 파괴적으로 변하는 우주의 물리법칙뿐이었다. 거친 바다와 자연의 안개, 밤이라 보이지 않는 암초가 합쳐지면 타협이 불가능했으니까.

따라서 이 위대한 해적들은 누가 광활한 바닷길을 통제할지, 그래서 세계를 통치할지 결정하기 위해 서로 죽자 사자 싸웠다. 전투는 땅에 사는 인간들이 볼 수 없는 곳에서 일어났다. 패배자들은 대부분 역사가들이 전혀 모르는 바닷속으로 사라졌다. 총체적인 능력을 가진 이들은 물 위에서 번영을 이뤘다. 전문가와는 반대되는 그들은 천문항법, 태풍, 바다, 사람들, 배, 경제학, 생물학, 지리학, 역사, 과학을 효율적으로 다루었다. 예측 전략이 더 넓고 더 멀리 도달할수록 더욱 성공에 성공을 거듭했다.

하지만 이처럼 굳건하고 강인하며 다양한 재능을 지닌 바다의 주인들도 이따금 잠을 자야 했기에, 매우 충직하고 강건하지만 머리가 나빠 주인의 전략을 짐작하거나 이해하지 못하는 자들을 곁에 두어야 했다. 이런 심복은 머리가 둔하기 때문에 안전했다. 위대한 해적들은 정말로 명석한 이들만이 자기 자리를 차지하려 한다는 것을 깨달았다. 그런 이유에서 그들의 첫번째 전략은 비밀 유지였다. 다른 강한 해적들이 행선 지나 일정을 모른다면, 길을 막지 못할 것이다. 언제 귀환하는지 안다면 '시시한 놈들'이 작은 배를 타고 나와 어두울 때 길을 막고 방해할 것이다. 두 해 동안 항해하며 보물을 거둬들인 뒤, 지친 몸을 이끌고 고향에 돌아오기 직전에 말이다. 이처럼 남이 구해 온 것을 낚아채는 이급 해적질은 전 세계의 해안과 항구에서 빈번히 일어났다. 그래서 성공적인 해적의 삶에서 비밀유지는 필수적이었다. 지금 내가 하고 있는 이야기가 오늘날 거의 알려지지 않은 까닭도 다 그 때문이다.

레오나르도 다 빈치는 뛰어난 총체적 예측 설계 과학자이다. 밀라노 공작의 후원을 받아 일하던 그는 평화 시에 이용하는 제조 도구뿐만 아니라 전쟁 시 사용하는 요새 방어술과 무기도 설계했다. 다른 위대한 군사 권력자들도 총체적 예측 설계 발명가들을 거느리고 있었다. 미켈란젤로도 그중 하나였다.

그와 같은 예측 설계 과학자가 지금은 존재하지 않는 이유를 궁금해 하는 사람들이 많다. 그런 사람이 없다고 생각한다면 착각이다. 레오나르도와 갈릴레오의 시절에는 '0'의 등장으로 수학이 급속히 발전했고, 훨씬 더 과학적인 선박 제작이 이루어졌을 뿐만 아니라 더욱 안전한 항해도 가능해졌다. 그 직후 진정한 대규모 세계 항해가 이루어졌으며 강성해진 군대 지지자들은 해군 제독으로 나서 각자가 거느린 레오나르도와 같은 과학자들에게 새롭고 강력한 장거리 항해 선박 설계를 명령했다. 그 다음 그 과학자들을 대동하고 바다로 나가, 다른 위대한 해적을 무찌르는 대전투를 위해 전 세계를 상대로 활용할 강력한 장비와 전략을 발명하게 했다. 그 과정에서 전 세계를, 전 세계에 사는 사람들과 재산을 확보하려 했다. 따라서 해전(海戰)에 필요한 과학 설계 장비는 비밀로 유지되었고, 레오나르도 같은 과학자들은 정체를 드러내지 않았으므로, 일반인들에게 알려지지도 역사에 기록되지도 않았다.

바다에서 지내던 과학자들은 결국 함선의 선장, 함대를 이끄는 제독, 혹은 함대를 설계하고 구축하는 해군 사령관이 되거나, 장차 세계를 운영할 총체적 전략을 설계, 개발하는 해군 사관학교의 교장이 되기도 했다. 여기에는 전 세계의 항해와 각 업무를 담당하는 선박들의 조직망을 설계하는 것뿐만 아니라, 배의 생산과 관리를 위한 산업시설과 전 세계의 채굴 작업, 해군 기지 구축 설계까지 포함되었다. 이와 같은 레오나르도 식의 기획은 현재 전 세계적 산업화를 이룬 거시적 사고를 촉발했다. 위대한 해적들이 철제 증기선과 용광로, 철로를 지어 인력과 장비를 전달하게 되었을 때, 그 과학자들은 다시 영국 최초의 대형 증기선뿐만 아니라 철로와 터널, 교각을 건설한 텔퍼드(T. Telford) 같은 인물로 잠시 등장했다.

여러분은 "대영제국에 관한 이야기 아닙니까?"라고 물을지 모르겠다. 그렇지 않다! 대영제국만 그런 줄 안다면, 누가 모든 것을 운영하는지 전혀 모른다는 것과 같다. 또한 위대한 해적들이 저마다 다른 민주화 과정에 따라 각 지역별로 조금씩 다른 군주나 수상을 두고, 그들을 통해 세계를 절대적으로 통제한 것도 전혀 모르는 꼴이다. 앞으로 곧 알게 되겠지만, 유럽 해안에서 떨어져 있는 영국은 유럽의 모든 큰 항구를 통치하는 함대이자 해군 기지나 다름없었다. 영국은 최고의 해적들이 소유한 섬이었다. 위대한 해적들이 섬나라 영국에서 선박을 건조하고 유지 관리하며 물자를 제공하고 있었으며, 황제의 칙령에 따라 섬의 주민들을 징집하거나 배에 탑승시켜 선원으로 삼았다. 이처럼 영국인들이 최고의 해적선에 탄 것을 보고 전 세계 사람들은 위대한 해적들의 세계 정복이 영국인의 의지와 야망, 조직에 의한 것이라고 착각했다. 그것이 바로 위대한 해적의 속임수였다. 사실 영국인들은 바다로 나가 세상을 정복할 야망을 가진 적이 없었다. 그들은 최고의 해적들에게 조종된 민족이었고, 자기 나라가 세계열강이 되었다는 소식에 멋모르고 환호했을 뿐이다.

위대한 해적이 가장 전면에 배치한 부하인 과학자들은 세심한 장기적 계획과 예측 발명을 통해 해상 권력을 쥐는 전략으로 여러 척의 배가 한 척의 배를 이길 수 있음을 알게 되었다. 그래서 그들은 해군을 발명했다. 물론 그 다음 해군의 배를 건조하고 보급품을 조달하며 유지 관리하는 데 필요한 산업을 육성하기 위해 광산, 삼림, 육지 등 다양한 자원을 지배해야 했다.

그러고 나서 '분할과 정복'이라는 대전략이 나왔다. 상대방의 배를 전투에서 갈라놓거나 상대의 배 서너 척이 육지에서 수리 중일 때 이기는 식이다. 그들은 또한 **우선 분할하고 정복하는** 대전략을 갖고 있었다. **우선 분할하고 정복하는** 전략은 그 전략을 이용하는 사람이 불리한 상황에 놓인 상대 해적을 기습할 수 있게 해 주므로 **나중에 분할하고 정복하는** 것보다 훨씬 더 효과적이다. 그래서 세계의 위대한 해적들은 어리석은 사람들은 무해하다는 사실, 그리고 최고의 해적 자리를 노리는 이들은 지능이 뛰어난 사람뿐임을 깨닫고 **우선 분할하고 정복하는** 전략을 이용해 주어진 상황을 총체적으로 해결하기 시작했다.

위대한 해적은 상품을 얻거나 팔고 그 지역의 수하로 둘 강한 사람들을 골라내기 위해 여러 지역으로 들어갔다. 해적이 선택한 사람은 그 지역의 총지배인이 되었다. 위대한 해적이 주어진 땅에 골라 놓은 수하가 아직 왕이 아니면, 스스로 왕위에 오르게 했다. 심어 놓은 왕은 아무도 모르게 위대한 해적에게 복종했다. 대신 위대한 해적은 꼭두각시 왕이 백성들의 우두머리이자 신이 정한 통치자 노릇을 하도록 허락했다. 통치권 보장을 위해 해적들은 꼭두각시 왕에게 통치권 집행에 필요한 비밀 보급선을 제공했다. 왕의 왕관이 더 큰 보석으로 장식되고, 웅장한 성을 과시하게 되어도 그 배후의 해적은 사람들 눈에 띄지 않았다.

위대한 해적들은 전 세계의 부하들에게 이렇게 명령했다. "영리한 젊은이가 나타나면 알려주기 바란다. 영리한 인재가 필요하기 때문이다." 그래서 해적이 항구에 들어올 때마다 그 지역의 왕은 눈에 띄는 능력과 사고방식을 지닌 영리한 젊은이를 알려주었다. 위대한 해적은 왕에게 이렇게 말하곤 했다. "좋소. 그들을 불러 다음과 같이 처리하시오. 젊은이가 나올 때마다 '청년이여, 그대는 매우 똑똑하군. 위대한 역사 선생을 붙여 줄 테니, 열심히 공부하고 충분히 배우면 왕실 역사가가 되도록 해 주겠네. 하지만 스승과 내가 내는 시험을 모두 통과해야 하네'라고 말하시오." 그리고 또 영리한 청년이 나오면 왕은 이런 식으로 이어갔다. "자네를 왕실 재무대신으로 만들어 주겠네." 위대한 해적은 왕에게 또 이렇게 말했다. "그리고 마지막으로 모두에게 말하시오. '하지만 모두 자기 일에만 전념해야지, 그렇지 않으면 목이 잘릴 것이네. 모든 일에 신경 쓰는 사람은 나쁘네.'"

　　이렇게 해서 학교가 시작되었다. 왕실의 개별지도 학교였다. 내가 재미삼아 지어낸 이야기가 아님을 알아주기를 바란다. 그렇다. 이것이 바로 학교와 대학의 시작이었으며, 지적 전문화의 출발이었다. 물론 학교를 열고, 우수한 교사를 초빙하고, 교사와 학생 모두 지낼 곳을 마련해 주고, 옷가지와 먹을 것을 제공하며, 교양을 쌓도록 하는 데는 큰돈이 필요했다. 위대한 해적이 비호해 준 악덕 자본가와, 해적이 보호해 주고 비밀 정보를 이용하는 국제 종교 단체만이 이렇게 큰 규모로 교육에 투자할 수 있었다. 그리고 영리한 청년들을 전문가로 키워내면 왕은 훌륭한 두뇌를 얻고 육지에서 가장 부강해졌으므로 후견인인 해적 역시 다른 위대한 해적과의 경쟁에서 이기도록 그들을 은밀하고 위대하게 후원했다.

사실 전문화는 겉보기만 화려한 노예제도에 불과했다. 그 안에서 '전문가'는 자신이 사회적으로나 문화적으로나 선망받는 매우 탄탄한 평생 직업을 얻었다고 생각하며 노예제도를 받아들이게 된다. 하지만 왕의 아들만이 왕국 전체를 아우르는 훈련을 받을 수 있었다.

반면 지구 전체와 천문항법에 관한 거시적인 사고는 위대한 해적들만이 독점적으로 보유했다. 그와 반대로 국지적인 문제에 천착함으로써 배울 수 있는 편평한 세계라는 개념과 하나의 제국 또는 왕국에 국한된 지식은 누구나 배울 수 있었다. 세계와 세계의 자원에 대한 지식은 위대한 해적들만의 것이었다. 항법 기술, 선박 건조 및 취급, 대규모의 병참 전략, 그리고 나라 안에서만 움직이는 사람들은 알지 못하는, 남을 속이는 데 효과적인 국제 교환 매체와 무역 수지 속임수도 해적들이 독점했다. 그리고 최고의 해적들은 이와 같은 속임수를 이용해 (도박 용어를 빌리자면) '하우스'로서 항상 돈을 벌었다.

# 3 총체적 명령을 받는 자동화

그리고 도래한 일차대전의 시기, 강력한 신(新)해적들이 완전히 새로운 사고방식의 과학적 기술적 혁신을 이용해 구(舊)해적들에게 도전했다. 신해적들의 공격은 해저와 해상에서 이루어졌고, 전자기기와 화학약품의 전쟁이라는 보이지 않는 영역으로 진입했다. 불시에 허를 찔린 구해적들은 살아남기 위해 자신도 이해하지 못하는 방식으로 수하의 과학자에게 연구를 진행시켜야 했다. 따라서 자구책으로, 위대한 해적들은 과학자들이 거대한 산업 조직과 지지 전략을 해적 자신들에게는 보이지도 않는 전자기 스펙트럼의 광범위한 영역에 투입하는 것을 허용했다.('전자기 스펙트럼'은 가시광선보다 넓은 전자기파의 범위를 가리키며, 저자는 '보이지 않는 영역'을 여기 비유하고 있다 ─ 옮긴이)

그때까지 해적들은 탁월한 감각으로 세계를 통치했다. 스스로 상황을 판단했고 타인의 눈은 믿지 않았다. 직접 냄새 맡거나 듣거나 만지거나 볼 수 있는 것만 믿었다. 그런데 위대한 해적들은 보이지 않는 광범위한 현실 속에서 어떤 일이 벌어지고 있는지 알 수 없게 되었다. 기술은 유선에서 무선으로, 궤도에서 무궤도로, 파이프를 이용하는 데서 이용하지 않는 것으로, 보이는 구조가 지니는 힘에서 보이지 않는 금속 합금과 전자기의 화학 원소 내구성으로 진화하고 있었다.

위대한 해적들은 일차대전 이후 최첨단 과학산업의 등장에 제대로 대처할 수 없었다. 그래서 '문제 해결사'인 전문가들에게 조사를 맡겼지만, 그들로부터 전달받은 간접 정보에 만족해야 했다. 이로 인해 그들은 이 사람 저 사람이 전하는 말의 진위를 맹목적으로, 따라서 독선적으로 판단할 수밖에 없었다. 해적 자신이 직접 판단할 수 없었기 때문이다. 그러자 결국 주인 노릇을 못하게 되었다. 그걸로 끝이었다. 위대한 해적은 사라졌다. 하지만 그들은 늘 비밀리에 움직였고, 자신이 끝난 게 아니길 바랐기 때문에 당연히 스스로의 소멸을 공표하지도, 공표하도록 허용하지도 않았다. 일반 사람들은 그들을 안 적이 없었고 그들이 꼭두각시로 세워 놓은 왕과 지역 정치가들이 우두머리인 줄 알았다. 따라서 위대한 해적들이 한때 세상을 움직였으나 이제는 완전히 사라졌음을 과거에도 몰랐고, 지금도 모른다.

해적들은 사라지고 없지만 현재 자본주의 국가와 공산주의 국가의 모든 회계업무, 그리고 국제 무역 수지와 금리는 바로 그 위대한 해적들이 확립한 규칙과 가치 체계, 용어, 개념을 그대로 따르고 있다. 비록 위대한 해적들이 여기저기 소유했던 영역을 물려받은 후계자들이 강력하기는 하지만, 이제 전 세계의 물질적, 혹은 형이상학적 계획을 좌우하는 단일 정부나 종교, 사업체는 존재하지 않는다.

형이상학적 계획 역시 과거의 종교와 최근의 정치 혹은 과학 이념이 다투는 장으로 전락하고 말았다. 이와 같은 경쟁 세력은 물리적인 투자와 사리 추구에 이미 너무나 치우쳐 버린 나머지 어떠한 종류의 형이상학적 계획도 달성할 수 없는 지경이다. 물질적으로 타협 불가능한, 어느 한 쪽으로도 치우치지 않는 온전한 형이상학적 계획이 새로 등장한다면 전 세계를 통일할 수 있을 것이다. 컴퓨터가 지닌 완벽하게 객관적인 문제 해결 방식이라면 가능한 일이다. 컴퓨터의 초인적인 계산 능력에 한해서만, 모든 정치, 과학, 종교계 지도자들이 체면을 지키면서 동의할 수 있을 테니까 말이다.

에이브러햄 링컨이 제시한 '힘보다 강한 정의'라는 개념은 아인슈타인이 형이상학적 지성으로서 물질 우주에 대한 공식 $E = mc^2$(모든 질량은 그에 상당하는 에너지를 갖는다는 아인슈타인의 특수상대성 이론 공식—옮긴이)을 쓰고 그것을 이해했을 때 실현되었다. 그렇게 해서 철학이 물리학을 계산해 내고 정복한 것이었다. 경험상 그 관계는 뒤집힐 수 없어 보인다. 에너지가 지성을 이해하고 공식화할 수 있는 가능성은 우리 주위에 없다. 그 공식은 어떤 방해도 받지 않고 작용하며, 형이상학은 현재 물리학에 대한 지배력을 과시하고 있다.

이것이 **우주선 지구호**에 탄 인류 진화의 핵심이다. 우주선 지구호에 탑승한 현재 인류가 이 돌이킬 수 없는 과정을 이해하지 못한 채 물질을 형이상학적으로 지배하는 기능만 다한다면, 인류는 중단될 것이고, 다른 우주선 행성에 탑승한 존재의 형이상학적 능력이 인류의 임무를 수행할 것이다.

위대한 해적들은 실제로 세계를 움직였다. 그렇게 할 수 있었던 최초이자 최후의 존재였다. 그들은 세계인이었고, 과학 분야에 전문화된 하인들이 구해 온 '기초적인' 정보를 가지고 철저한 실용주의로 세상을 운영했다. 우선 왕립협회에 속한 그 하인들은 '위대한' 열역학 제2법칙을 발견했는데, '엔트로피'(열역학상으로 존재하는 추상적인 에너지 양을 나타내는 척도—옮긴이)는 모든 에너지 기계가 계속해서 에너지를 잃다가 결국 '멈춘다'는 개념이었다. 당시는 아직 광속을 발견하기 전이었으므로, 그들은 전 방향으로 동시에 확장하는 '즉각적 우주(instant universe)'의 개념을 제대로 파악하지 못하고, 우주 역시 에너지 기계와 마찬가지로 '멈추고 있다'고 생각했다. 그래서 에너지 자원과 생명유지장치가 계속해서 고갈되고 있다고 착각하고서 '소비'라는 잘못된 개념을 이끌어낸 것이다.

그 다음 위대한 해적이 세운 동인도회사에서 정치경제학 교수로 일했던 토머스 맬서스(Thomas Malthus)가 등장했다. 맬서스는 인간이 기하급수적으로 증가하는데 식량은 산술급수적으로 증가하고 있다고 했다. 마지막으로 그로부터 삼십 년 뒤 위대한 해적의 수하에 있던 생물학 전문가 찰스 다윈

(Charles Darwin)이 등장했다. 다윈은 생물 진화의 이론을 설명하며 가장 적합한 자만이 생존할 수 있다고 말했다.

위대한 해적들이 보기에는 모두가 살아남기에 충분한 자원이 없을 뿐만 아니라, 만족스러운 생활을 유지할 수 있는 인류는 1퍼센트도 안 되는 게 분명했다. 그리고 엔트로피로 인해 부족 상황은 계속 증가한다고 생각했다. 따라서 생존은 분명 잔인하고 절망적인 전투임에 틀림없다고 위대한 해적들은 말했다. 그들은 이처럼 맬서스-다윈이 주장한 엔트로피 개념이 절대적인 과학 법칙이라는 가정하에 세계를 경영했다. 과학적으로 권위를 인정받는 지적인 전문가 노예들이 그렇게 말했기 때문이다.

그 다음에는 위대한 실용주의 사상가 마르크스(K. Marx)가 등장해서 엔트로피 중심의 맬서스-다윈 정보를 보고 이렇게 말했다. "음, 물건을 생산하는 노동자들이 최적의 존재이다. 제품을 생산할 줄 아는 그들이야말로 끝까지 살아남을 테니까." 그것이 바로 엄청난 '계급 전쟁'의 시작이었다. 모든 이념은 위대한 해적들과 마르크스주의자 사이 어딘가에 위치한다. 하지만 그들은 하나같이 자원은 모든 사람들이 나누어 갖기에 부족하다고 여긴다. 그리고 그러한 생각은 모든 주요 국가들이 지구상의 넓은 지역을 자기 것이라고 주장할 때 적용하는 합리적 가정이었다. 모두가 저마다 배타적인 입장을 취하고 있기 때문에 계급 전쟁의 이념은 사라졌다. 자본주의와 사회주의는 모두 사라졌다. 이유는? 모두가 생존하는 데 충분한 자원이 있음을 과학이 발견해냈기 때문이다. 하지만 국가 사이의 경계가 완전히 사라질 때에만 그렇다. 계급 전쟁에서 말하는 너 아니면 나, 모두가 갖기에는 충분하지 않으니 누군가는 죽어야 한다는 논리는 이제 존재하지 않는다.

그렇다면 우리가 이에 대해 과학적으로 알고 있는 바를 좀 더 자세히 살펴보자. 약 십 년 전 필라델피아에서 개최된 미국 과학진흥회 연례회의 때, 아주 멀리 떨어진 두 곳에서 두 편의 논문이 발표되었다. 하나는 인류학 논문이었고 다른 하나는 생물학 논문이었는데, 두 저자가 서로의 연구를 알지 못했지만 두 논문은 밀접한 관계를 갖고 있었다. 인류학 논문은 멸종한 모든 인간 부족의 사례사를 살펴보았다. 생물학 논문은 멸종한 모든 생물학 종의 사례사를 조사했다. 두 과학자는 모두 같은 멸종 이유를 찾았다. 두 논문이 우연히 함께 발표되자 동일한 원인이었음이 밝혀졌다. 모두 지나친 전문화 때문이었다. 어떻게 그런 일이 생겼을까.

우리는 전문가로서 점점 더 빨리 달리는 말을 개발해낼 수 있다. 그러기 위해서 빨리 달리는 말 두 마리를 짝지어 동종번식을 시키면 된다. 특정 유전자를 집중시킴으로써, 그 지배 확률을 증가시키는 것이다. 하지만 그렇게 하면 전체적인 적응능력은 사라지거나 희생된다. 동종번식과 전문화는 항상 전체적인 적응능력을 감소시킨다.

우주의 어느 한 지역에서 대단히 큰 사건이나 지진은 작은 에너지를 소모하는 사건보다 훨씬 드물게 발생한다는, 우주 에너지 패턴이 있다. 전 세계에서 곤충이 생겨나는 빈도는 지진보다 훨씬 높다. 전체적인 진화를 일으키는 사건 속에서 수많은 저에너지 사건 가운데 이따금 대량 에너지 사건이 일어난다. 너무 큰 사건이라 전체적인 적응능력을 상실한 초전문가 생물들이 멸종하는 경우가 있다. 한 가지 예를 들어 보겠다. 특별한 미세 해양 생물을 먹고 사는 새가 있다. 이 새들은 먹잇감인 해양 생물이 특정한 섬 주위 해안의 습지에 종종 갇혀 있는 것을 날아다니다가 발견했다. 그래서 우연히 먹이를 발견할 때까지 여기저기 날아다니는 대신, 해안의 습지에 모인 먹이를 잡아먹으러 갔다. 시간이 흐르면서 물이 습지에서 빠져나가기 시작했다. 극지방의 만년설이 증가하기 시작했기 때문이다. 부리가 아주 긴 새들만이 그 습지의 구멍 깊숙한 곳에 있는 해양 생물을 잡아먹을 수 있게 되었다. 부리가 짧은 새들은 제대로 먹이를 구하지 못해 죽었다. 그래서 부리가 긴 새들만 남았다. 새들의 타고난 생식 욕구가 작용했을 때 짝짓기를 할 새는 부리가 긴 새밖에 없었다. 이로 인해 그들의 긴 부리 유전자가 집중되었다. 물이 점점 빠져나가고, 세대를 거듭하며 동종번식이 일어나자 점점 더 부리가 긴 새들이 태어났다. 물은 더 빠져나갔고, 이후 세대의 새들은 부리가 더 길어졌다. 긴 부리의 새들이 잘 사는 듯했지만 갑자기 습지에 큰 불이 났다. 그러자 새들의 부리가 너무 무거워 날 수 없다는 게 밝혀졌다. 그들은 습지에서 날아올라 달아나지 못했다. 뒤뚱뒤뚱 걸어 다니는 새들은 달아나지 못해서 죽었다. 이것은 지나친 전문화를 통해 멸종이 일어나는 전형적인 사례다.

앞에서 보았듯이 위대한 해적들은 일차대전 동안 과학자들을 자유롭게 움직이도록 해 주면서도, 자신들은 거대한 부의 축적에 너무 치중한 나머지 보이지 않는 광활한 세계에서 과학자들이 무슨 일을 하고 있는지 보지 못했을 뿐만 아니라 자신의 총체성을 버리고 산업 생산의 자본가로서 전문가가 되었다. 그래서 그들은 1929년 전 세계를 마비시킨 경제 대공황 때 스스로의 멸종을 가속화했다. 하지만 우리가 보았듯이 사회는 위대한 해적들이 세상을 운영한다는 사실을 몰랐다. 1929년 위대한 해적들이 멸종한 것도 깨닫지 못했다. 그러나 경제 마비에 대해서는 아주 잘 알고 있었다. 지금과 마찬가지로 그때도 사회는 교육, 경영, 과학, 일상 업무, 공예, 농업, 단순 노동 등에서 일하는 전문화된 노예로 이루어져 있었다. 현재 우리의 세계 사회는 위대한 해적들이 갖고 있던 총체적이고 현실적인 세계 지식이 전무하다.

세계 사회는 위대한 해적들의 꼭두각시에 불과했던 지역 정치가들이 실제로 우두머리인 줄 알았기 때문에 그들을 찾아가 산업과 경제를 되살려내려고 했다. 산업은 본래 세계 조직이기 때문에 1920년대와 1930년대의 전 세계적인 대공황으로 말미암아 여러 국가의 최고 정치가들이 저마다 따로 복구 작업을 요청받았다. 이로 인해 전 세계의 자원 목록은 더 이상 통합될 수 없게 되었다. 정치 지도자들은 각기 다른 이념 집단으로부터 의무를 부여받았고, 서로 다른 시각과 의견을 갖고 있었기 때문에 이차대전이라는 결과를 낳고 말았다.

무의식적인 편견을 가진 정치가들은 자기편과 그 이익만을 지키려고 했다. 그들은 모두 맬서스-다윈의 **네가 아니면 내가 죽는** 투쟁이 타당하다고 여겼다. 모두가 나누기에 충분한 자원이 없다는 생각 때문에 공격적인 정치 지도자들은 나머지 세계를 정복하고 먹여 살릴 수 없는 인구를 처리하기 위해 참전했다. 이는 무지한 사람들이 지닌, 구태의연하고 치명적인 공식이었다. 그래서 우리는 전체주의하에서든, 공산주의나 자본주의 하에서든, 전문화하는 사회를 갖게 되었다. 모든 위대한 이념 집단은 지구 종말을 상정했다.

피할 수 없다고 여긴 종말에 대비해, 그들은 과학과 그 전문화 능력을 무기 제조에만 적용했으며, 따라서 총체적으로 조직된 반대 사고 능력이나 종말을 방지할 만한 강력한 계획 없이 자멸할 무기를 개발했다. 그렇게 해서 1946년, 우리는 빠르게 멸종을 향해 나아가고 있었다. 유엔이 설립되었지만, 그 어떤 배타적 국가 특권도 여기에 승복하지 않았다. 그러던 어느 날 갑자기, 사회가 전혀 알아차리지 못하는 사이 전문화로 인한 인류 멸종의 항체가 컴퓨터라는 형태로 등장했다. 그리고 컴퓨터가 포괄적으로 지휘하는 자동화가 등장했다. 이로 인해 물리적 생산과 통제 전문가로서 인간은 낡은 존재가 되어 버렸다.

초전문가로서 컴퓨터는 매일 밤낮으로 초인적인 속도를 유지하면서 파랑에서 분홍을 골라내며 일할 수 있다. 컴퓨터는 인간이 살 수 없는 추위나 더위 속에서도 작동한다. 전문가로서 인간은 완전히 컴퓨터로 대체될 것이다. 인간은 스스로 타고난 '총체적 능력'을 재확립하고 사용하며 향유해야만 하는 처지다. 우주선 지구호와 우주의 총체성에 대응하는 작업이 우리 모두의 몫이다. 진화는 인간이 단순한 근육이나 반사장치를 쓰는 노예 로봇으로 전락하기를 바라지 않는 모양이다. **자동화가 로봇 같은 사람**을 대체하고 있기 때문이다.

진화는 인간이 의식적으로 일으키려는 것과는 상당히 무관하게 일어나는, 여러 가지 커다란 변혁으로 이루어진다. 인간은 허영으로 가득하다. 지금까지 있었던 모든 좋은 일을 자신이 이루어냈다고 여기지만, 모든 좋지 않은 일과는 무관하다고 간주한다. 하지만 사람들이 반사적으로 반기든 거부하든, 더 큰 진화는 인간의 의식적인 계획이나 노력을 초월해서 이루어진다.

인간의 반사반응이 무의미하다는 것은, 여러분 중 그 누구도 점심으로 먹은 생선과 감자를 머리카락이나 피부 등을 만드는 특정 분비선으로 의식적으로 밀어 넣지 않는다는 사실만 봐도 안다. 그 누구도 체중 삼 킬로그램에서 삼십 킬로그램으로, 다시 칠십칠 킬로그램으로 성장한 과정을 의식하지 못한다. 모든 것은 자동으로 이루어지며, 항상 그래 왔다. 우리가 지구상에 생존해 온 것도 사실 대부분 자동화의 덕분이었다. 우리에게 주어진 짧은 시간에 유용한 일을 하기 위해서는 지금부터라도 이를 기억해야 한다.

이제 우리의 즉각적인 인지와 인식을 초월하는 진화 양식을 파악하기 위하여 최대한 지적 능력을 활용하자. 처음에는 모든 교육체계와 과학자들이 고의로 증가시킨 전문화를 거스르는 진화 양상을 발견할 수 있다. 굉장한 과학 장비가 개발되고 생물학자, 화학자, 물리학자 들이 특수한 전쟁 임무를 위해 워싱턴에서 만났던 이차대전 초기에 이러한 모순이 발생했다. 과학자들은 과거 생물학자는 세포만 다루고, 화학자는 분자만 다루며, 물리학자는 원자만을 다룬다고 생각했던 반면, 이제는 강력한 새 기기장치와 인접 활동을 통해 서로 겹친다는 것을 알게 되었다. 모든 전문가들이 원자와 분자, 세포 모두에 관련된다고 갑자기 깨달았다. 전문가로서의 관심사는 경계선이 없음을 알게 되었다. 의도와 상관없이 전문 분야가 통합되고 있었다. 그들에겐 우연한 일이었지만, 가차 없는 진화 때문이었다. 그래서 이차대전 당시 과학자들은 새로운 전문가 명칭을 만들어내기 시작했다. 생물화학자, 생물물리학자 등이 그랬다. 그럴 수밖에 없었다. 전문화하려는 시도에도 불구하고, 그들은 점점 더 많은 것을 포함하는 분야에 통합되었다. 그래서 의도적으로 전문화하던 인간은 자신도 모르게 타고난 총체적 능력을 다시 활용했다.

나는 보편적인 진화에 관해 다음과 같이 생각하기 위해서 허영심과 근시안, 편견, 무지에서 벗어나는 것이 매우 중요하다고 생각한다. 사람들은 종종 '우주선에 타면 어떨지 궁금해'라고 하는데 대답은 매우 간단하다. 어떤 **기분**일까? 그건 우리 모두가 늘 경험해 온 것이다. 우리는 모두 우주비행사이다.

이제 관심은 생겼겠지만 "맞아요, 나는 우주비행사예요"라고 곧바로 동의하고 나서지는 않을 것이다. 여러분은 정말로 우주선을, 우리의 동그란 우주선 지구호를 타고 있다고 느끼지 못한다. 작은 지구 중에서 여러분이 본 것은 극히 일부일 뿐이다. 그러나 이십세기 이전의 사람들보다는 훨씬 더 많이 본 셈이다. 그 시절 사람은 평생 지구 표면의 백만분의 일밖에 보지 못했기 때문이다. 여러분은 그보다 훨씬 더 많은 것을 보았다. 여러분이 만일 베테랑 여객기 조종사라면 지구 표면의 백분의 일을 보았을 것이다. 하지만 지구를 구체로 보고 느끼기에 충분하지는 않다. 여러분 중 누군가가 케이프케네디(Cape Kennedy, 미국 플로리다 주 동쪽 대서양 연안의 곶. 케네디 우주센터와 공군 기지가 있는 곳으로, 현재 명칭은 케이프커내버럴이다—옮긴이)에서 발사한 우주선에 타고 있던 사람이 아니라면 말이다.

## 4　우주선 지구호

우리의 작은 우주선 지구호는 직경이 약 만이천팔백 킬로미터밖에 안 되는 크기이므로, 광활한 우주에 비하면 무시해도 될 만큼 작다. 가장 가까운 항성이자 에너지를 공급해 주는 모선(母船)인 태양은 일억사천구백육십만 킬로미터 떨어져 있으며, 그 다음 가까운 항성은 십만 배나 멀리 떨어져 있다. 그 다음 가까운 에너지 공급 항성에서 빛이 우리에게 닿는 데 이 년 반이 걸린다.[2] 우리가 날고 있는 우주의 거리가 대략 이렇다. 작은 우주선 지구호는 현재 시속 십만육천 킬로미터의 속도로 태양 주위를 돌고, 워싱턴의 위도에서 축을 따라 회전도 하기 때문에 시속 약 천육백 킬로미터를 더한다. 매 분마다 우리는 이십칠 킬로미터의 속도로 빙빙 돌면서 천칠백육십 킬로미터 속도로 궤도를 따라 날아간다. 엄청난 속도의 회전과 비행이다. 빠르게 움직이는 지구의 궤도에서 벗어나기 위해서는 로켓 우주선을 시속 약 이만육천오백 킬로미터로 발사시켜야 하는데, 이는 지구 속도의 사분의 일밖에 안 되는 셈이다.

　우주선 지구호는 굉장히 잘 발명되고 설계되어서 인간이 이백만 년 동안 타고 있으면서도 우주선에 타고 있다는 사실조차 모를 정도다. 그리고 우리 우주선은 너무나 훌륭하게 설계되어 있어, 한곳에 모인 모든 물리적 체계는 에너지를 잃는다는 엔트로피 현상에도 불구하고 우주선 내에서 생명체를 재생시킬 수 있다. 따라서 우리는 다른 우주선, 태양으로부터 생물학적인 재생 에너지를 얻어야 한다.

우리의 태양은 드넓은 은하계 내에서 함께 날면서, 살아가는 데 필요한 방사선을 제공하지만, 모두 태워 버리지는 않을 정도로 꼭 적당한 거리를 유지하고 있다. 그리고 우주선 지구호와 이곳에 살고 있는 승객들은 너무나 정확하게 설계되어, 얼마 전까지만 해도 몰랐던 밴 앨런 대(Van Allen Belt)가 태양과 다른 별의 방사선을 걸러 준다. 그 방사선이 그대로 침투한다면 어떻게 될까. 밴 앨런 대 밖으로 옷을 벗고 나가면 목숨을 잃을 만큼 방사선은 강하다. 우주선 지구호는 여러분과 내가 안전하게 지낼 수 있도록 항성들의 복사에너지를 투입시켜 준다. 밖으로 나가 일광욕을 할 수 있지만, 피부를 통해서는 살아가는 데 충분한 에너지를 얻을 수 없다. 그래서 우주선 지구호와 그 생물학적 생명유지장치는 육지의 식물과 바다의 해조류가 광합성으로 적당량의 재생 에너지를 공급하게 한다.

하지만 모든 식물을 먹을 수는 없다. 사실 그중 극소량만 가능하다. 나무껍질이나 목재, 풀은 못 먹는다. 하지만 곤충이나 다른 많은 동물과 생물들은 먹을 수 있다. 우리는 그 동물로부터 젖과 고기를 얻어서 에너지를 전달받는다. 동물들은 식물을 먹고, 우리는 몇 가지 과실과 부드러운 식물의 꽃과 씨앗을 먹는다. 우리는 유전학적 교배로 식용 가능한 식물을 더 많이 경작하는 법을 배웠다.

직관과 지적 능력을 가진 우리는 유전자와 아르엔에이(RNA), 디엔에이(DNA), 그밖에 핵에너지와 화학구조뿐만 아니라 생명체의 기초적인 설계 방식을 제어하는 원칙을 발견했다. 이 역시 우주선 지구호와 그 장비, 승객, 내부 지원 시스템이 지닌 탁월한 설계의 일부다. 그러므로 앞으로 보게 되겠지만, 지금까지 우리가 우주선 위의 모든 생명체를 성공적으로 재생시키기 위해 존재하는 이 뛰어난 화학 에너지 교환 시스템을 오용하고 남용하고 오염시켜 온 것이 비록 역설적이긴 하나, 전략적 관점에서는 설명 가능하다.

내가 흥미롭게 여기는 점 하나는, 우리 우주선이 자동차와 같은 기계적인 탈것이라는 점이다. 자동차를 갖게 되면 오일과 휘발유를 넣고, 라디에이터에는 물을 공급해 전체적으로 관리해 주어야 한다. 그래서 상당한 열역학적 감각을 지니게 된다. 기계를 잘 정비하지 않으면 문제를 일으키고 제 기능을 하지 못한다는 것도 알게 된다. 반면 우리는 우주선 지구호가 완전하게 설계된 기계이며 계속해서 제 기능을 다하려면 전체적으로 이해하고 정비해야 한다는 사실을 알지 못했다.

우주선 지구호의 굉장히 중요한 점 하나는 설명서가 탑재

되어 있지 않다는 것이다. 이 우주선을 성공적으로 작동하는 설명서가 없다는 사실은 매우 의미심장하다. 한없이 공들여 설계되어 있으니, 설명서가 빠진 것도 고의적이고 의도적인 것으로 받아들여야 한다. 설명서가 없다는 건 두 가지 열매, 즉 우리를 죽게 할 붉은 열매와 영양을 줄 붉은 열매가 있다는 뜻이다. 그리고 우리는 어느 붉은 열매가 영양분을 지닌 것인지 알아내는 방법을 찾지 않으면, 죽고 말 운명이었다. 설명서가 없기 때문에, 지성을 이용할 수밖에 없었다. 과학적인 실험 절차를 고안하고 실험 결과의 의미를 효과적으로 해석하는 것은 우리의 최고 능력이다. 설명서가 없기 때문에 우리는 물질적으로나 형이상학적으로나 만족스러운 생존과 성장을 확장시킬 여러 방법의 결과를 안전하게 예측하는 법을 배우고 있다.

모든 생명체는 아무것도 할 수 없는 상태로 태어난다. 하지만 인간 아이는 다른 종의 어린 존재보다 그 기간이 길다. 인류학적 측면에서의 특정 단계를 거치는 동안 아무것도 할 수 없다가 조금씩 발전하면서 우주에 내재한 물리 원칙을 발견하는 능력에 도달하는 것이 '인간'이라는 발명품의 특징이다. 뿐만 아니라 인간은 지식을 재생하고 생명을 키워내는 능력을 키워 주는 숨은 자원을 찾아내기도 한다.

우주선 지구호의 전체 자산에는 인간이 충분한 경험을 쌓을 때까지 한동안 매우 무지한 상태로 두는 중요한 안전장치가 포함되어 있었으며, 그 경험에서 인간은 환경 에너지를 관리하는 이점을 늘리고 통제하는 일반 원칙 체계를 계속 얻었다. 우주선 지구호와 그 복잡한 생명 유지 및 재생 시스템의 작동 설명서가 없었기 때문에, 인간은 앞으로 가장 중요한 능력이 무엇인지 과거를 돌이켜보며 발견해야 했다. 인간의 지성은 스스로를 발견했다. 또한 지성은 경험에서 얻은 사실을 연결시켜야 했다. 그 연결 과정을 총체적으로 살펴보니, 모든 특수하고 피상적으로 지각한 경험 밑에 일반 원칙이 자리 잡고 있음을 알 수 있었다. 환경의 물리적 자원을 재배치하는 데 그와 같은 일반 원칙을 객관적으로 사용하면, 인류 전체의 성공을 거두고, 우주가 지닌 더 큰 문제에 대처할 수 있을 것이다.

지금까지 이야기한 총체적 계획을 이해하기 위해서, 옛날에 숲으로 들어간 사람의 이야기를 해 보자. 여러분도 그런 경험이 있는지 모르겠지만, 그 사람은 한 방향으로 숲을 가로지르는 최단 거리를 찾고자 했다. 그는 쓰러진 나무가 길을 막고 있는 것을 보았다. 여기저기 흩어져 있는 나무를 기어오르다가 갑자기 천천히 흔들리는 나무 위에 서 있는 자신을 발견했다. 그 나무는 다른 커다란 나무 위에 쓰러져 있었고, 그가 비틀거리면서 올라 서 있는 나무의 끝이 세번째로 쓰러진 커다란 나무 아래 놓여 있었다. 그가 몸을 흔들자 세번째 큰 나무가 위로 올라갔다. 그건 불가능한 일처럼 느껴졌다. 그는 다가가서 자기 힘으로 그 큰 나무를 들어 보려고 했다. 꿈쩍도 하지 않았다. 다시 첫번째 작은 나무 위로 올라가 일부러 나무를 흔들었고, 그러자 더 큰 나무가 다시 움직였다. 이를 발견한 최초의 사람은 그것이 마법의 나무라고 생각하고는 집으로 끌고 와서 첫번째 토템(특히 아메리카 원주민 사회에서 신성시되는 상징물—옮긴이)으로 삼았을 것이다. 튼튼한 나무라면 모두 그런 일을 할 수 있고, 우연한 발견에서 비롯된 연속적인 특수 경험에서 지렛대라는 일반 원칙을 끌어내기까지 오랜 시간이 걸렸을 것이다. 인간은 물질 우주의 기본 원칙을 일반화하는 법을 배우고 나서야 비로소 자신의 지성을 효과적으로 사용하게 된다.

어떤 나무나 지렛대로 이용할 수 있음을 파악한 뒤로 인간의 지적 능력이 가속화했다. 지성으로 '특수한 경우'라는 미신에서 벗어난 인간은 생존 가능성이 수백만 배나 늘었다. 기어와 도르래, 트랜지스터 등에 활용한 지렛대 원리 덕분에 수많은 물리화학적 방식 속에서 적은 힘을 들여 많은 일을 하게 되었다. 아마 그리스도가 빵과 물고기의 이야기로 가르치려 한 것도, 객관적으로 활용할 수 있는 일반 원칙을 형이상학적으로 인식함으로써 인류의 생존과 성공을 지적으로 증대시킬 수 있다는 사실이었을 것이다.

# 5 일반 시스템 이론

지적 능력을 활용해 더 유리한 고지를 차지하는 방법은 무엇일까. 인간의 근육은 여러 동물의 근육에 비하면 매우 보잘것없다. 모두의 근육을 합친다고 해도, 토네이도나, 인간이 지적 능력으로 물질 우주의 기본적인 에너지 행동을 지배하는 일반 원칙을 발견해 만든 원자폭탄의 힘에 비하면 아무것도 아니다.

세계 제패 전략을 짜려면 우선 현재 위치를 알아야 한다. 즉, 우주의 진화 계획 속에서 우리의 현재 항로 위치가 어딘지 알아야 한다. 우주선 지구호의 현재 위치를 파악하려면, 지금까지는 바로 소비할 수 있는 자원이 충분했기에 무지했지만 생존할 수 있었음을 인정해야 한다. 그 자원은 결국 고갈되거나 못 쓰게 될 것이며, 지금 이 결정적 순간까지만 사용 가능했다. 이런 오류 완충기능은 알 속의 새에게 정해진 시기까지만 영양분이 공급되듯, 현재 인류가 생존하고 성장하기까지 제공되었다. 하지만 병아리가 제 다리로 움직일 만큼 자라면 그 양분은 고갈된다. 그리고 병아리는 더 많은 양분을 찾아 알껍데기를 쪼아 부순다. 보금자리에서 나온 어린 새는 제 다리와 날개로 먹이를 찾고 양분을 섭취해야 한다.

내가 생각하는 현재 인류의 모습은 방금 부서진 알껍데기에서 막 한 발자국 걸어 나온 상태다. 시행착오를 겪는 동안 공급되는 양분은 이제 바닥났다. 우리는 우주와 완전히 새로운 종류의 관계를 맺어야 한다. 지성의 날개를 펼치고 날아올라야 한다. 그러지 못하면 죽는다. 이제 우리는 과거의 미신이나 잘못된 반사반응을 버리고, 우주를 지배하는 일반 원칙의 힘을 이용해 날아야 한다. 그리고 높은 수준의 사고를 이용한다면, 타고난 총체적 사고력을 곧 다시 활용할 수 있을 것이다.

건축가들과 계획자들은 전문가로 취급되기는 하지만 다른 사람들보다는 조금 더 넓은 시각을 갖고 있다. 또한 그들은 전문가들, 특히 좁은 시야를 가진 고객과 싸우곤 한다. 정치가들, 그리고 이제는 사라진 위대한 해적으로부터 재산과 법적 지위를 물려받은 후계자와도 맞선다. 적어도 계획자들은 필라델피아 **전체**를 바라보지, 구멍으로 집 한 채를 보거나 문으로 그 집의 방 하나를 보지 않는다. 그러므로 우리는 계획자의 역할을 맡고, 가능한 가장 큰 규모의 총체적 사고를 시작하는 것이 옳다.

우선 부분만 취급하는 전문가 역할은 버려야 한다. 범위를 좁히지 않고 넓히고자 노력하면서, 우리는 이렇게 묻는다. "**어떻게** 하면 **전체**적으로 생각할 수 있을까?" 사고가 확장될수록 그 효과가 더 오래간다면, "얼마나 크게 생각할 수 있을까?"라고 질문해야 한다.

현대에 발명된, 지성을 활용하기에 효과적인 도구로 일반 시스템 이론이 있다. 우리는 이를 이용해서 가장 크고 총체적인 시스템을 과학적으로 생각해내려고 한다. 그 시스템으로 어떤 문제에 작용하는 결정적 변수를 모두 정리하며 시작한다. 하지만 '크다'는 것이 얼마나 큰지 알지 못하면 충분히 크게 시작할 수 없다. 그래서 미지의 결정적 변수를 전부 감안해야 문제를 해결한다. 임의로 정한 시스템 경계 안팎에서 감안하지 못한 변수들이 작용하면, 오도하는 혹은 완전히 틀린 답이 나올 것이다. 효과적으로 작업하려면 지금까지 지성과 경험으로 얻은 모든 정보를 가지고 가장 크고도 정확한 방식으로 생각해야 한다.

　우주가 무엇을 의미하는지 머리에 떠올리고, 적절하고 정확하게 설명할 수 있는가? 이는 우주가 가장 큰 시스템으로 추정되기이기 때문이다. 우주와 함께 시작할 수 있다면, 전략적인 중요 변수를 제외시키는 일을 피하게 된다. 인간이 우주를 과학적으로, 그리고 포괄적으로 정의한 기록은 아직 없다. 비동시적으로 발생하고 부분적으로만 겹치는, 미시에서 거시의 영역에 이르고, 언제 어디에서나 변화하며, 물질적이고 형이상학적 측면에서 상호보완적이되 똑같지 않은 사건 모두를 우주는 포함한다.

　전문가로서 인간은 원자핵을 어디까지 분할할 수 있는가 하는, 소우주의 한계치를 아직 정의하지 못했다. 그러나 아인슈타인이 해낸 대로, 물질우주는 획기적으로 정의해냈고 형이상학적 우주는 정의하지 못했다. 아직은 물질적, 형이상학적 의미를 모두 합친 전체 우주를 정의하지도 못했다. 아인슈타인은 에너지는 창조할 수도 잃을 수도 없으며, 따라서 보존되고 그래서 유한하다는 것을 실험적으로 증명해냄으로써 물질우주를 정의했다. 즉, 공식으로 나타낼 수 있었다. 그 공식이 바로 $E=mc^2$이다. 핵분열이 그의 정의를 입증할 때까지는 가설에 불과했다. 에너지가 결합하고 분해하는 물질우주는 닫혀 있지만, 사건이 비동시적으로 일어나는 시스템으로 밝혀졌다. 그 시스템 내에서 제각기 일어나는 사건은 수학적으로 측정 가능하다. 즉, 무게를 잴 수 있고, 식으로 만들 수 있다. 하지만 유한한 물질우주에는 우주의 측정 불가능한 형이상학적 경험이 포함되지 않았다. 우리의 사고나 추상적인 수학 등, 측정할 수 없는 모든 것에는 무게가 없다. 우주의 형이상학적 측면이 '닫힌 시스템의' 분석을 거부한다고 물질과학자들은 생각했다. 그러나 물질적, 형이상학적 행동과 측면을 모두 포함하는 전체 우주를 과학적으로 정의할 수 있다.

아인슈타인과 그 밖의 과학자들은 우주의 물질적인 부분을 **비동시적으로 발생하며 부분적으로만 겹치는, 비동질적이지만 늘 상호보충적인, 모두 변화하며 측정 가능한 에너지 사건의 합계**라고 설명해 왔다. 에딩턴(A. S. Eddington)은 과학을 '경험한 사실을 정리하려는 성실한 시도'라고 정의한다. 아인슈타인과 많은 일류 과학자들은 과학이 '경험한 사실'에만 관여하려는 것을 지적했다.

과학자들이 말한 경험을 매우 중요한 것으로 간주하면서, 나는 물질우주와 형이상학적 우주를 모두 포함한 우주를 다음과 같이 정의한다. **우주란, 비동시적이고 비동질적인, 부분적으로만 겹치고 항상 상호보충적인, 측정 가능하거나 불가능한, 계속 변화하는 사건의 연속을 인류가 의식적으로 이해하고 소통한 경험의 합계이다.**

모든 경험에는 시작과 끝이 있다. 즉, 유한하다. 인간의 이해력이란, 물질적으로나 형이상학적으로나 깨어나기를 반복하며 쌓이는 시간으로, 그리고 각각의 에너지 양자라든가 원자핵 구성요소 등의 개별적이고 유한한 개념으로 이루어지므로, 모든 경험은 유한하다. 물리학 실험에서는 고체도, 무한히 연속적인 면이나 선도 발견하지 못했다. 오직 개별적인 사건의 불연속적인 집합만을 발견했다. 유한의 합계는 유한하다. **따라서, 물질우주와 형이상학적 우주를 모두 포함하는 우주를 경험에 따라 정의하면 유한하다.**

그러므로 전략적으로 중요한 변수를 빠뜨리지 않고 우주의 전부를 포함하는 상태에서 일반 시스템 이론을 시작할 수 있다. 여기서 비롯된 **일반 시스템 분석**이라는 운영의 원대한 전략이 있다. '스무고개' 게임과 비슷하게 전개되는 일반 시스템 분석은 정답을 찾는 데 더 효율적이다. 즉, 더 경제적이다. 정답만 남을 때까지 모든 오답을 제거해내기 위해 컴퓨터를 이용하기 때문이다.

전체 시스템을 적절히 정의하고 나면 순차적으로 세분해 나갈 수 있다. 매번 둘로 나누고, 원칙적으로 그중 하나는 정답이 아니므로 불필요한 부분을 버리면 된다. 살아남은 부분을 '비트(bit)'라고 하는데, 이전에 살아남은 부분을 '예' 혹은 '아니오'의 둘로 나누는 과정에서 생겨난 것이기 때문에 그렇게 부른다. 이 제거 과정의 양은 정답만 남을 때까지 필요한 연속적인 비트 수에 의해 결정된다.

무관한 것을 모두 제거하고 원하는 특정 정보만을 정확히 분리해내는 데 몇 개의 '이등분 비트'가 필요한가. 우주라는 개념을 처음으로 나누는 첫번째 비트가 우리가 **시스템**이라고 부르는 것을 만들어낸다. **한 시스템은 우주를 시스템 바깥의 모든 우주(대우주)와 시스템 내부에 존재하는 나머지 모든 우주(소우주)로 나누되 시스템 자체를 이루는 우주의 작은 일부만을 제외한다.** 시스템은 우주를 대우주와 소우주로 나눌 뿐만 아니라, 우주의 전형적인 개념적 측면과 비개념적 측면으로도 나눈다. 즉, 한편으로는 서로 겹쳐 교감할 수 있는 사건이며, 다른 한 편으로는 동시 발생할 수 없는 개별 파장 주파수 범위에 있어, 교감하지 못하고, 겹치지 않고, 비동시적으로 변화하는 사건 전부를 말한다.

사고(思考)는 하나의 시스템이며 본질적으로 개념의 세계다. 막연하게나마 설명할 수 있는 사고 활동을 처음 자각한 순간조차도 개념의 세계는 희미하고 혼란스러운 경우가 많지만 말이다. 전체 우주는 비동시적이기 때문에 개념의 세계가 아니다. 영화 필름의 연속성, 혹은 시나리오에서 떼어낸 하나의 정지 장면처럼, 개념의 세계는 분리에 의해 생겨난다. 우주는 시작도 끝도 없는 진화 과정의 시나리오이다. 그 시나리오 중 지금 보는 부분은 계속 새 필름에 화학적 변화를 일으키고 감광된다. 그러면 새로운 사고 과정은 다음 상영을 위해 필름을 자르기 전까지, 계속 변화하는 사건에 새로운 의미를 부여하고 스스로를 재조직한다.

하이젠베르크(W. K. Heisenberg)의 '불확정성' 원리는 측정 행위가 측정되는 것을 늘 변화시킨다는 실험 결과를 확인시켜주었고, 그 결과 경험을 지속적이며 반복불가능한 진화의 시나리오로 바꾸어 놓았다. 애벌레 단계 시나리오에서 뽑아낸 그림 한 장은 그 애벌레가 나비로 탈바꿈하는 것을 전하지 못한다. "우주 바깥의 바깥에 무엇이 있을까?"라는 질문은 변화하는 시나리오를 한 장의 그림으로 설명하라는 말이며, 쓸모없는 질문이다. 그것은 사전을 보면서 "사전이라는 게 무슨 말일까?"라고 묻는 것이나 마찬가지다. 무의미한 질문이라는 뜻이다.

구체(球體)를 중심으로 여러 가지 큰 원이 회전할 때처럼, 사고 체계의 상호관계가 그리는 모든 선이 다양한 방향으로 돌아서 주기적으로 제자리로 돌아오는 것이 '모든' 사고의 특징이다. 그러므로 어떤 경험의 집합이나 시스템을 서로 연결시킴으로써 이해할 수 있다. 또 어떤 특정 시스템이 만들어낸 특수 경제 상황이 알고 보면 물질우주의 에너지 보존 일반법칙으로 설명되기도 한다.

사냥꾼은 날아가는 오리를 잡으려고 총을 쏠 때 그보다 앞쪽을 겨눈다. 그래야 새와 총알이 한 지점에서 만나기 때문이다. 중력과 바람 또한 총알을 다른 두 방향으로 잡아당기는데, 그 방향은 총알에 부드러운 나선형 궤도를 부여한다. 이차대전 중 야간 전투에서 두 대의 전투기가 서로 예광탄을 쏘았는데, 제삼의 비행기에서 사진을 찍었다. 그 사진은 하나의 예광탄이 다른 예광탄을 맞출 때 작용하는 나선형 궤도를 분명하게 보여 준다. 아인슈타인과 힌두 수학자 리만(B. Riemann)[3]은 이처럼 **두 개의 독립적으로 움직이는 '사건' 사이에 가장 경제적인 상호관계를 나타내는 곡선**에 측지선(測地線, **geodesic lines**)이라는 이름을 붙였다. 여기서 사건이란 두 대의 비행기를 가리킨다.

큰 원이란 구(球)의 중심을 통과하는 평면이 구의 표면에 형성하는 선이다. 작은 원들은 구를 통과하지만 중심을 통과하지는 않는 평면이 구 표면에 형성하는 선이다. 작은 원이 큰 원에 겹쳐지면 그것은 큰 원과 두 점, A와 B에서 만난다. 큰 원의 가장 짧은 호 위에 위치한 A와 B 사이 거리는 작은 원의 짧은 호의 A와 B 사이 거리보다 짧다. 큰 원은 구체 시스템의 표면 위의 어느 두 점 사이에서 가장 경제적인(에너지와 노력 면에서) 거리를 제공하므로 측지선이다. 따라서 항상 가장 경제적인 방법을 이용하는 자연은, 나선형과 달리 자신에게 되돌아오는 큰 원을 경제적인 이유로 선택할 것이다. 시스템의 모든 경로는 위상학적으로나 순환적으로 서로 연결되어야 한다. 그래야 자연발생적, 즉 가장 경제적인 측지선으로 구조화하려는 우리의 사고가, 확고한 개념 아래 일부 변화는 열어 놓는 다면적 이해를 할 수 있기 때문이다.

사고란, 명백히 관련된 사항만을 남기고 대우주적, 소우주적으로 무관한 것들은 스스로 제거해 가는 과정이다. 대우주적으로 무관한 것이란, 너무 크고 드문 사건이라서 감안하고 함께 조정하기 어려운 것들을 말한다. 소우주적으로 무관한 것이란 너무 작고 자주 일어나는 사건이라서 어떤 시스템의 관련된 파장 주파수 영역에서 따로 분석하거나 함께 조정할 수 없는 것들을 말한다.

어떤 성단(星團)에서 모든 '항성'의 측지선 관계를 명징하게 분리해내려면, 무관한 것들을 제거하는 과정을 몇 단계나 거쳐야 할까? 즉, 내가 정의하는 '우주'에서 시작해 몇 개의 비트가 필요한가? 그 공식은 $\frac{n^2-n}{2}$이며, 여기서 n은 문제 범위 안에 있는 초점을 성단의 별이라고 할 때, 별의 수다.

'총체적 파악(comprehension)'이란 거기 포함되는 초점 사이의, 유일한 경제적 상호관계 전부를 확실하게 인식하는 것이다. 즉, 다음과 같이 말할 수 있다.

$$총체적 파악 = \frac{n^2 - n}{2}$$

이것이 수학적 논리를 이용해 사고 과정을 작동하는 방법이다. 여기서 작용하는 수학은 벡터기하학과 연결된 위상기하학으로 구성된다. 이 조합을 나는 '시너지학(synergetics)'이라고 부르는데, 앞으로 이 단어의 용례를 설명하고 정의할 것이다. 여러 차례 청중에게 물어 보니, 이 **시너지**라는 단어에 익숙한 사람은 삼백 명 중 한 명 정도였다. 그다지 널리 알려지지 않은 셈이다. 시너지란 **시스템 내의 개별 부분이나 그 부분을 어떻게든 조합한 것들을 따로 관찰해서는 예측하지 못하는 전체 시스템의 행동**을 의미하며, 우리 언어에서는 그런 뜻을 가진 유일한 단어다. 발톱의 화학성분 속에서 인간 존재를 예측하게 해주는 점은 아무것도 없다.

미국영재협회의 화학 부문 학생들에게 다음과 같이 질문해 보았다. "시너지라는 단어를 아는 사람이 있습니까?" 그러자 모두 손을 들었다. 시너지는 화학의 핵심이다. 크롬-니켈강은 제곱 인치당 삼십오만 파운드인데, 그 인장 강도는 삼십오만 프사이(P.S.I., 일 인치당 가해지는 일 파운드 압력의 단위―옮긴이)다. 그 강도는 합금에 들어간 금속 하나하나의 강도를 합친 것보다 십만 프사이 정도 더 크다. 모든 고리의 힘을 합친 것보다 50퍼센트 더 강한 '사슬'이 나오는 것이다. 흔히, 사슬의 강도는 가장 약한 고리의 강도로 결정된다고 생각하는데, 이는 모두 같은 힘을 가진 자동 재생하는 고리를 끝없이 서로 연결한 사슬이나, 매트릭스 안의 모든 연결고리가 고주파의 반복 재생 구조를 가지고 있어서 하나의 연결고리가 끊어져도 잠시 구멍은 생기지만 전체를 약화시키지는 않는, 영원히 재생되고 전체 방향으로 연결된 원자 연결고리의 사슬 매트릭스와 같은 것을 고려하지 않은 것이다.

부분이 예상하지 못하는 전체의 행동을 의미하는 단어가 시너지 하나뿐임을 보면, 사회는 부분이 예상하지 못하는 전체 시스템의 행동이 있다고 생각하지 않는 게 분명하다. 이는 사회가 정식으로 승인한 생각과 그 밖의 것을 승인하는 방식이 '우주의 진화' 시나리오의 비개념적인 면의 본질을 이해하기에는 터무니없이 부적합하다는 의미다.

전자 속에는 양성자를 예측하는 것이 전혀 없고, 지구나 달에 태양과의 공존을 예측하는 것이 없다. 태양계는 시너지적이라 부분이 전체를 예측할 수 없다. 반면, 지구의 연료공급선 태양의 상호작용과 달의 중력에 의한 지구 바닷물의 파동은 생물권의 화학적 조건을 만들어 우주선 지구호의 생명 재생을 가능하게 하지만, 그것만이 생명 재생의 원인은 아니다. 이 모두는 시너지에 의한 것이다. 지구의 녹색 식물이 호흡하며

# 무작위 속에 존재하는 질서

| n<br>사건의 수 | 사건 사이의 가장 경제적인 관계의 수<br>혹은 모든 사건의 상호관계의<br>최소 수의 개념화 | ┌<br>관계의 수<br>$\frac{n^2-n}{2}=r$ | 수 관계의 가장 밀접하며,<br>대칭적이고 가장 경제적인<br>개념적 모형 |
|---|---|---|---|
| 1 | | 0 | |
| 2 | <br>AB | 1 | |
| 3 | <br>AB, BC, AC | 3 | |
| 4 | <br>AB, BC, CD, AC, BD, AD | 6 | |
| 5 | | 10 | |
| 6 | | 15 | |
| 7 | | 21 | |
| 7 | | 21 | |
| | 같은 수의 사건들은 무작위로<br>배열될 수 있지만 관계의 최소<br>총합의 수는 동일하다. | | |

| 인접한 관계의 총합 (n-1)² | 가장 밀접하게 모인 대칭의 개념적 모형 주의: 이는 정사각형(□)이 아니라 평행사변형(▱) 형태로 일어난다. | 경험 혹은 사건의 총합은 언제나 사면체 형태다. | n 사건의 수 |
|---|---|---|---|
| | | | 1 |
| 0+1=1 | ○ | | 2 |
| 1+3=4 | | | 3 |
| 3+6=9 | | | 4 |
| 6+10=16 | | | 5 |
| 10+15=25 | | | 6 |
| 15+21=36 | | | 7 |
| | | | 7 |

내놓는 기체가 지구호에 타고 있는 모든 포유류의 생명 유지에 반드시 필요한 기체가 된다고 예측하지 않으며, 포유류가 호흡으로 내놓는 기체가 우리 지구호에 타고 있는 식물을 유지시켜 준다고 예측하지 않는다. 우주는 시너지적이다. 생명은 시너지적이다.

시너지에 대해 다음과 같이 정리할 수 있다. 전 세계를 돌며 백 번 이상의 강연을 하면서 질문해 보니, 시너지라는 단어를 들어 본 대학생은 삼백 명 중 한 명꼴도 되지 않았다. 그리고 그런 의미를 가진 단어는 그 하나뿐이다. 결론적으로 세계는 부분이 예측하지 못하는 전체 시스템의 행동이 있다는 생각을 하지 못함이 분명하다. 이는 지나친 전문화가 낳은 결과이며, 옛 해적들이 전체를 아우르는 일을 자신의 꼭두각시인 왕이나 지역 정치가들에게 맡겨 온 탓이다.

시너지에서 끌어낼 수 있는 명제는, 전체의 행동과 최소로 드러난 행동이 나머지 부분의 가치를 알게 해준다는 것이다. 삼각형 세 각의 합은 알고 있으니, 삼각형의 여섯 요소 중 세 가지만 알면 나머지를 알 수 있는 것과 같다. 위상기하학(位相幾何學, topology)은 경험에서 얻은 어떤 시스템에 대해 그 값을 알아내는 시너지적 수단을 제공한다.

위상기하학은 수없이 많은 사건에 대해서 기본 패턴과 구조적 관계성을 다루는 과학으로, 오일러(L. Euler)라는 수학자가 발견하고 발전시킨 학문이다. 그는 모든 패턴은 세 가지 기본적인 특징으로 정리된다고 했다. 즉 **선**, 두 개의 선이 만나거나 같은 선이 스스로 교차하는 **점**, 그리고 선이 에워싸는 **면**이 그것이다. 이처럼 더 이상 줄일 수 없는 모든 패턴의 세 가지 특질에 일정한 관계가 있음을 알아냈다.

$$P + A = L + 2$$

즉, 꼭짓점(point)과 면(area)의 수를 더한 값은 항상 선(line)과 상수 2의 합과 같다. 하나의 면적이 다른 면적과 일치하는 경우가 있다. 다면체의 여러 면이 겹쳐서 보이지 않는다면, 가려진 합동의 면은 공식을 통해 수학적으로 설명해야 한다.

# 6 시너지

이제 강력한 사고 도구를 가지고 오늘날 세계가 안고 있는 문제를 해결해 보자. **위상기하학, 측지선학, 시너지학, 일반 시스템 이론,** 컴퓨터가 **사용하는 '비트화'**가 그 도구다. 이제 우주가 정의되었고, 우주의 **최대 범위**가 어디인지 알아보았으니, 최종적으로 다루어야 할 모든 변수를 빼놓지 않으려면 항상 **우주**부터 시너지적으로 시작하자. 그 다음 주어진 문제를 정리하고 소우주적-대우주적으로 무관한 부분을 전부 제거하자. 인간은 필요한가? 중력처럼 인간의 지성도 계속 재생하는 우주에 꼭 필요한 기능을 한다는 경험적 단서가 있는가? 지구인들은 어떻게 제 기능을 다하고 멸종을 피할 수 있는가?

이제 나머지 무관한 것들을 계속 제거함으로써, 우주를 점차 분할하고 비트로 사고할 수 있는 개념을 분리해내자. 가장 먼저 분리된 비트는 **시스템**으로, 이는 가장 큰 경우 항성의 대우주 시스템이고, 가장 작은 경우 원자핵이다. 두번째 비트는 대우주의 경계를 **은하계 성운**의 경계로 좁힌다. 세번째 비트는 **우주 방사선, 중력, 태양, 에너지와 생명체를 실은 우주선 지구호, 그리고 지구의 달**을 우주선 지구호에서 생명 유지에 가장 중요한 요소로 분리해낸다.

우리 우주선은 태양과 우주 방사선 복사열을 통해 연료를 공급받고 있으므로, 현재 탑승한 생명체의 재생과 진화를 고려해서 가장 강력한 시스템 변수를 재빨리 골라내는 게 좋겠다. 그러면 우리가 우주 가운데 여기 살고 있는 이유를 알아내고, 지금 이 우주선 위, 즉 북아메리카 워싱턴 시 갑판 위에서 인류의 행복하고 성공적인 생존 방안을 훌륭히 생각해낼 것이다. 이런 기본적으로 해 나갈 일뿐만 아니라, 우리가 가진 능력과 권한을 넘어서지 않고 인류가 생존할 가장 현실적 방법을 찾게 될 것이다. 이로써 진부한 시설 주인들이 정한 지침에 따라가는, 지금껏 절망을 가져온 요인들을 피할 수 있다. 잠재적 대량소비자 중 가장 분별력 없는 이들의 시너지와 무관한 사고방식과, 그로 인한 무지한 반사반응에 무기력하게 따르는 일도 없을 것이다.

인류 전체의 생존은 이제 계획자들에게 결정권을 넘기는 차원이 아닌, 반드시 해결해야 할 문제가 되었다. 그런데 여기서 흔히 발생하는 부수적인 문제는 일반적 의미의 오염이다. 공기와 물의 오염뿐 아니라, 두뇌에 저장되는 정보의 오염까지 포함된다. 머지않아 우리의 행성을 '폴루토(Poluto, 오염을 뜻하는 'pollution'을 가지고 저자가 지어낸 이름—옮긴이)'라고 불러야 할 판이다. 지구의 생명을 유지하는 대기 문제에 서조차, 매연을 걸러 주는 기술을 개발하고도 "하지만 비용이 너무 많이 들어"라고 한다. 해수에서 염분을 제거하는 방법도 있지만 "비용이 너무 많이 들어"라고 한다. 이처럼 지나치게 편협한 시각으로 문제를 바라보면, 인간은 공기와 물 없이 살 수 없다는 사실을 잊어버리게 된다. 굶어 죽는 데는 몇 달이 걸리고, 목이 말라 죽는 데는 몇 주가 걸리지만, 숨이 막혀 죽는 데는 몇 분밖에 걸리지 않는다. 예를 들어, 뉴욕 시 전체에 물을 공급하는 염분 제거 장치를 생산, 설치하는 데 긴 시간이 필요하고, 인간은 그 시간을 물 없이 생존할 수 없다. 뉴욕 시에 계속 위협적인 물 부족이 자주 일어나면 수백만 명이 죽을 수도 있다는 의미다. 그런 위협을 두고 '비용이 너무 많이 든다'는 케케묵은 말을 하고 있으니, 우리에겐 이미 바닷물에서 염분을 제거하는 기술이 있다는 사실을 망각한 꼴이다.

워싱턴에 가 본 사람들(뿐만 아니라 대부분의 사람들)은 정부의 예산 책정에 대해서, 그리고 대중에게 문제를 인식시키고 해결 방안을 공식적으로 결정하는 과정을 잘 알고 있을 것이다. 결국 문제가 잘 해결되지 않는 이유는 방법을 몰라서가 아니라 권한을 가진 사람들이 '비용이 너무 많이 든다'고 말하기 때문이다. 또는, 환경문제의 근본 요인을 규명하고 그 요인에 대처할 법이 제정되었을 때, 실행에 옮길 자금이 없기 때문이다. 일 년 뒤 나온 법 집행 재정 법안과, 그에 대한 정치 자산 평가 기준을 보면, 전년도에 통과시킨 법안이 이제는 '비용이 너무 많이 드는' 것이 되어 있다. 그래서 타협에 타협이 잇따른다. 정치적 공약을 하거나 예산을 삭감하는 식의 해결책도 많다. 정치가들에 대한 압박도 없고, 실행 결과가 없어도 그냥 넘어간다. 겉보기에 더 다급하고 더 중요한, 새로운 예산 수요가 등장하기 때문이다. 그러한 수요 중에서 가장 긴급한 것은 전쟁이다. 결국 정치가들은 전쟁에 대비하느라 우리가 감당할 수 있는 액수의 몇 배나 되는 무기 구입과 군사 과제를 갑자기 허가해 버린다.

그래서 생사가 걸린 긴급 상황이라는 명목으로 거액이 실전에 투입되고 불가사의하게 사라진다. 우리는 온 세상 사람들이 필요한 만큼 충분히 생산하면 전쟁을 하지 않아도 된다는 논리를 평화적으로 실행할 수 없는 모양이다. '가지지 못한 자들'이 '가진 자들'의 재산을 나누거나 빼앗기 위해 전쟁이 일어날 때면, 거기에 투입할 돈은 항상 있다. 이런 전쟁이 일어나는 건 그때까지 '가지지 못한 자들'의 생명 유지에 비용이 너무 많이 든다고 여겼기 때문이다. 자기방어를 하다 보니, '가진 자들'은 소유액보다 훨씬 많이 생산할 수 있는 능력을 스스로 깨닫는다. 이 생산능력은 전쟁에 참여하는 '가지지 못한 자들'과 전 세계의 '가지지 못한 자들'에게 적절한 경제 원조를 하는 데 드는 액수보다 몇 배나 많다.

생명 유지에 반드시 필요한 거시-총체적, 혹은 미시-총체적인 해결책에 돈이 부족한 경우는 없었다. 더 많은 일을 해내기 위해서 지금까지 존재하지 않았던 생산 도구를 만들거나 에너지를 이용하는 산업 네트워크를 구축하는 데에는 인간의 시간만 들이면 된다. 그 시간도 기계가 작동하기 시작하면 보상받게 될 것이다. 어떤 것도 소모되어 사라져 버리지는 않는다. 잠재적 재산은 실질 재산이 되었다. 상투적인 말이지만, '어차피' 문제를 해결한다면, 맨 처음 중대한 문제를 인식하자마자 적절히 처리해야 가장 적은 비용이 든다. 생명 유지와 연관된 필수적인 문제들은 계속 악화되며, 인류가 막을 수도 피할 수도 없다. 비용이 많이 든다고 계속 미루거나 필요한 비용을 줄여 놓고 사회가 공식적으로 이를 얼버무려 대처하는 것을 보면, 인간은 우리의 재산이 무엇인지, 그 재산을 앞으로 얼마나 쓸 수 있을지 모르고 있다.

우리는 이제 지구호에 타고 있는 인간의 일반 시스템 문제에서 중대한 변수를 짚어냈다. '재산이란 무엇인가'라는 질문은 중요한 고려사항이다.

『월 스트리트 저널(Wall Street Journal)』은 1967년 9-10월 브라질의 리우 데 자네이루에서 열린 국제통화기금(IMF) 회의의 논의사항을 보고했다. 이 대회를 준비하고 조직하는 데 몇 년의 시간과 수백만 달러의 돈이 투입되었음에도 불구하고, 실질적인 성과라고는 통화에 대해 모종의 조치를 취해야 할 때가 곧 온다는 의견이 전부였다. 국제 수지와 금(金) 수요 시스템이 부적합하다는 의견도 나왔다. 과거 해적들의 금을 여전히 대체할 수 없지만, 몇 년 뒤 국제 통화 기준으로서 금을 증가시키기 위해서는 뭔가 새로운 '장치'를 도입해야 한다고 판단했다.

현재 우리의 우주선 지구호에는 약 칠백억 달러어치의 금이 존재한다고 한다. 그 절반이 조금 넘는 사백억 달러어치 정도가 '통화'로 분류된다. 즉, 다양한 국가에서 사용하는 금화나 은행에서 공식적으로 취급하는 골드바로 존재한다는 뜻이다. 나머지 삼백억 달러는 개인이 소유한 금속이나 장신구, 금니 등으로 존재한다.

은행은 자체 소유의 돈이 없고 우리의 예금에 대해 '이윤'을 버는 것뿐이므로 은행의 자산은 실제 발생한 수입으로만 이루어진다. 수입은 투자한 자본의 평균 5퍼센트다. 따라서 전 세계의 연간 총 생산액을 대략 계산하면, 현재 우주선 지구호에 실려 있는 고정 자산은 산업 생산의 형태로 일천조 달러를 넘는다고 가정할 수 있다. 전 세계가 갖고 있는 총 칠백억 달러어치의 금은 세계의 조직적인 산업 생산 자원 가치의 0.00003퍼센트밖에 해당되지 않는다. 금의 총량은 너무나 미미해서 전 세계 경제적 변화를 금으로 움직여 보려는 시도는 성공할 수 없을 것이다.

위대한 해적들은 거래에 금을 사용했다. 그것은 금이 강력하게 신뢰하는 매개체이며, 거래하는 쌍방이 서로 이해하는 언어나 과학적 지식, 정보, 혹은 과학적 기술적 노하우를 대신할 수 있는 것이기 때문이었다. 금 거래는 세계 속에 악당이 존재한다고 상정하기 때문에 이루어진다. 하지만 지금도 계획자들은 이런 터무니없는 생각에 갇혀 인류의 60퍼센트에 해당하는 불행한 사람들을 위한 성실하고 적절한 대책을 실행하지 못하고 있다.[4]

따라서 현재 세계의 정계 인사나 은행가 중 누구도 부(富, wealth)가 무엇인지 모른다는 전제하에서 인류 생존 문제의 일반 분석 시스템을 진행해 보자. 부가 무엇인지 알고 규명하기 위한 생각을 정리할 때도, 이처럼 중대한 문제를 당장 해결할 효과적인 수단을 강구해 보자.

나는 일반인 수천 명과 학자 백 명 남짓을 상대로 지적 필터링을 시험했는데, 아무도 우리의 결론에 이견을 제시하지 않았다. 그 진행 과정은 이렇다. 일련의 분석적 진술을 할 때, 누군가 동의하지 않는다면 그 진술은 버린다. 100퍼센트 이의가 없는 진술만을 받아들일 수 있는 것으로 간주한다.

우선 이렇게 말한다. "여러분이 부를 어떻게 생각하든지, 그리고 부를 얼마나 소유하든지, 과거는 조금도 바꿀 수 없습니다." 동의하는가? 우리는 경험으로 이미 알고 있다. 부는 진화의 과정을 돌이킬 수 없는 것이다. 부의 정의에 대해서 여기까지 이의있는가. 좋다. 이의가 없으면 계속 진행한다.

이제 난파선에 탄 한 사람에 대해 이야기해 보겠다. 그는 사회가 진정한 재산으로 치는 것을 십억 달러어치 이상 가진 매우 부유한 사람이다. 배에 모든 주식과 채권, 재산 증서, 수표책을 실었고, 안전을 위해 다이아몬드와 금괴도 많이 가져갔다. 배에 불이 나서 가라앉고 있지만, 구명보트는 없다. 그것도 타 버렸기 때문이다. 만약 이 부자가 금을 붙잡는다면, 다른 사람들보다 더 빨리 가라앉을 것이다. 자신이 얼마나 부자인지 알려 줄 그의 재산은 그 순간부터, 혹은 그 다음 날부터 존재하지 않는다. 재산이란 시간을 거슬러 작용하지 못하며, 이런 종류의 재산은 인간 생사에 아무 영향도 미치지 못하기 때문이다. 그것은 우리가 하고 있는 게임에서 아무 가치도 없는 칩 더미에 불과하며 진정한 우주의 진화를 일으키는 거래를 개시할 능력도 없다. 부자의 재산은 어제, 오늘, 내일에 대해 아무 통제권도 없다. 구명 재킷을 든 승객에게 부자의 법정 통화 소유권을 한 순간 느끼게 해 줄 테니 생명 연장의 유일한 수단과 바꾸자고 설득할 수 있겠는가. 그러니 부자의 재산으로는 생명을 연장시킬 수 없는 셈이다. 이제는 아무것도 할 수 없게 된, 조금 전까지만 해도 '대부호'였던 그 사람은, 자신과 아내의 생명 몇 년을 연장시키는 물리적 수단을 가질 수 있다면 전 재산과 기꺼이 바꿀 것이다.

난파된 배에 탄 부자가 부동산으로 갖고 있던 재산은 다음과 같이 그 유효성을 획득해 왔다. 즉, '신이 보시기에' 정당하다는 주장 아래 완력과 계략, 무력으로 국왕이 주권을 주장한 최초의 땅, 그것을 도덕성과는 무관하게 힘으로 집행해 '합법적' 재산으로 법제화한다. 그리고 주식과 채권 문서에 인쇄된 유한책임회사의 자산으로 추상화한다. 우리는 진정한 민주주의의 수순을 추구한다. 절반의 민주주의는 임의로, 비정상적으로 법을 세우는 과정에서 독재정부를 허용한다. 진정한 민주주의는 인간 지성을 물질적으로 후원하고 형이상학적으로 만족시키기 위해 자연법이나 우주법이 어떻게 되어야 하는지 꾸준한 실험과 만장일치의 인정을 통해 발견해낸다.

이제 보통 부(富)의 의미를 다음과 같이 이야기할 수 있겠다. "재산은 우리의 건전한 재생을 유지하고 앞으로 남은 생애 동안 물질적, 형이상학적 환경의 제약에 효과적으로 대응할 수 있는 조직적 능력이다."

동의하지 않는가? 우선 부가 아닌 것을 제거해냈으므로 이제 우리는 그 정확한 정의를 적을 수 있다. **부란 대사적, 형이상학적으로 재생하기 위해, 물리적으로 한정된 시공간을 적절히 여유있게 유지해 주는 인구 수, 이를 구체적으로 대비하는 데 주어진 기간**이라고 좀 더 명료히 설명된다.

이제 점점 더 분명해진다. 한편으로는 우주선 지구호와 복사열 공급선 태양, 그리고 다른 한편으로는 태양과 함께 생명 유지장치의 발전기이자 재생기로서 지구의 중력 파동 '교류 발전기'로 작용하는 달에 대해서 우리는 예전보다 많은 지식을 얻었다. 그러나 복사에너지나 밖으로 추진된 물질 에너지를 통해 상실한 양보다 태양의 복사에너지를 더 공급받지 못하면, 우주선 지구호에서 생명을 유지할 수 없음을 잊지 말자. 에너지 공급을 위해 우주선 지구호 자체를 태워 버릴 수도 있지만, 그럼 우리에게 남은 미래는 없다. 우리의 우주선은 인간 아이와 비슷하다. 죽어서 썩어 가는 시체와 달리, 물질적, 형이상학적 과정의 집합체로서 계속해서 성장하기 때문이다.

진정한 부는 우리 우주선이 신고 있는 생명이다. 이는 미래를 향해 작동하는, 대사적, 지적 재생체계다. 우리는 태양의 복사열과 달의 인력이라는 엄청난 수입원을 이용해 성공할 것이다. 수십 억 년 걸려 태양에서 얻은 화석연료만을 에너지로 쓰거나, 지구의 원자를 태워 생긴 자본으로 사는 것은 무식한 짓이다. 다음 세대와 그들의 미래에 무책임한 행동이다. 아이들과 그 아이들의 아이들은 곧 우리의 미래다. 모든 생명을 영구히 지원할 수 있는 우리의 잠재력을 이해하고 깨닫지 못한다면, 우주적 차원에서 파산을 맞은 것이나 다름없다.

효과적인 계획이 무산되는 가장 큰 이유는 사회가 가진 능력을 제대로 알지 못하기 때문이다. 우리는 모두가 현실적으로 추구하는 부의 의미를 규명하고, 훗날 그 정체를 분명히 밝히려는 의지를 가지고 있다. 그러니 이제 인공두뇌학이라고도 부르는 컴퓨터 전략과 시너지학이 모두 합쳐진 일반 시스템 이론의 문제 해결력을 이용해서 다음 단계, 즉 인류 전체의 생존과 번영, 행복과 재생을 가능하게 하는 생각을 나눠 보자. 이때 시너지학이란, 전체 시스템의 알려진 행동에 그 시스템 일부의 알려진 행동을 더해 문제를 해결하는 것인데, 유리한 정보를 얻으면 시스템의 다른 부분과 그 행동도 알 수 있다. 기하학에서 삼각형 세 각의 합이 백팔십도인 것, 두 변과 그 사이 각을 알면 나머지 세 요소의 정확한 값을 알아낼 수 있는 것과 같다.

시너지학에 따르면, 부는 다음과 같은 의미를 갖는다. 부란, 성공적으로 미래 에너지를 재생하고, 우리가 어떤 일을 자유롭게 시작하고 제약없이 행동하게 해 주는 능력을 뜻한다. 인공지능학적으로는 크게 두 가지로 나뉘는데, 물질적 에너지와 형이상학적 노하우가 그것이다. 물질적 에너지는 다시 상호치환 가능한 결합(結合)과 해리(解離)라는 두 단계로 나뉜다. 각각 물질로서 에너지 결합과 방사선으로서 에너지 해리를 말한다.

물질 우주는 모두 에너지다. 아인슈타인은 이를 유명한 공식에서 에너지 $E = M$〔물질의 질량, 진공 속에서 방해받지 않는 전 방향(방사선의) 표면 파장의 확장 속도 $C^2$으로 설명함〕으로 표현했다. 아인슈타인이 가설을 통해 일반화했듯이, 질량 에너지와 방사선 에너지는 상호치환 가능한 공변(共變) 값임이 핵분열에 의해 명쾌하게 증명되었다.

물리학자들은 에너지는 소진시킬 수도, 만들어낼 수도 없음을 실험으로 발견하기도 했다. 에너지는 유한하며 무한히 보존된다. 실험으로 증명하고 알게 된 물질 우주의 몇 가지 사실은 우주론자와 우주창조설 주창자의 생각, 그리고 이십세기 초 광속이 측정되기 이전 사회 경제학의 생각이 틀렸음을 보여 준다.

　나는 이십세기 초, 일차대전 직전에 하버드 대학교에 가게 되었다. 그 시절에는 우주 자체를 시스템으로 여겼기에, 역시 엔트로피의 지배를 받는다고 학자들은 생각했다. 이때, 모든 (국지적) 시스템은 엔트로피에 의해 계속해서 에너지를 잃는다는 게 실험으로 밝혀졌다. 따라서 우주도 에너지를 잃는다고 보았다. 우주가 '정지하는' 때가 되면 진화가 비정상적으로 활발한 행동을 멈추고 모든 게 뉴턴이 정상으로 간주하는 '정지 상태'로 돌아가는 것이다. 그렇다면 에너지를 쓰는 모든 사람들은 무모하게도 종말을 가속화시키고 있는 셈이다. 이것이 어제까지 견지해 온 보수주의의 근거였다. 진화론적 변화를 더 불러오는 데 에너지를 쓰는 사람은 모두 증오받았다. 그들은 무모한 낭비자 취급을 받았다.

　이십세기 초, 과학자들이 실험을 통해 광속과 방사선에 대해 알아내기 전까지는 이 모두는 사실로 받아들여졌다. 그러다가 갑자기, 빛이 태양에서 우리에게 도달하는 데 팔 분 걸리고, 태양 다음으로 가장 가까운 별에서 오는 데는 일 년 반이 걸리며, 다른 별에서 오는 데는 여러 해가 걸린다는 사실을 알게 되었다. 그 **순간** 그 자리에 있다고 생각하는 여러 별들이 이미 수천 년 전에 타서 사라지고 없다는 것도 고작 삼분의 이 세기 전에 알아낸 것이다. 우주는 동시적이지 않다.

　그리고 아인슈타인, 플랑크(M. Planck), 그 밖의 선도적인 과학자들은 이렇게 말했다. "우리는 물질 우주를 재평가하고 재정의할 겁니다." 그들은 물질 우주를 '비동시적이며 부분적으로만 겹치는 변화 사건들의 집합'이라고 정의했다. 그리고 이렇게 말했다. "새로운 생명체가 형성되는 것을 볼 때 우리가 보는 것이 무엇인지 알아내야 합니다. 에너지가 여기서 해리될 때, 다른 어떤 곳에서는 다시 결합하고 있을지도 모릅니다." 이후 이루어진 모든 실험이 이를 증명했다. 과학자들은 에너지 재분배의 합이 항상 100퍼센트임을 알아냈다. 그 다음 과학자들은 물질 우주의 새로운 설명 방식을 세웠고, 이를 **'에너지 보존 법칙'**이라고 불렀다. 이를 통해 "물리 실험에 따르면 에너지는 생성시킬 수도, 상실할 수도 없음이 밝혀졌다." 에너지는 보존될 뿐만 아니라, 유한하다. 에너지는 닫힌 시스템이다. 우주는 거대하고 영속적인 운동 과정이다. 그러면 우리가 가진 재산의 일부인 물질 에너지가 보존된다는 것을 알 수 있다. 물질 에너지는 고갈될 수 없으며, 써서 없애 버릴 수 없다. 이로써 우리는 '소모'라는 단어가 이제 과학적으로 무의미하며 구시대의 것임을 깨달았다.

앞에서 인간이 지렛대를 발견하는 과정에 대해 이야기했다. 수천 년 동안 지렛대를 써 온 인간은 끝에 양동이를 매단 지렛대를 여러 개 가져다 양동이가 없는 끝을 가운데로 모아 물레방아의 축을 만드는 것을 생각했다. 바퀴를 에워싸는 축처럼 배열하는 것이다. 인간은 그 축을 세우고 폭포 아래 두어

중력에 의해 양동이에 돌아가며 물이 채워진 뒤, 물이 찬 양동이를 지구 중심으로 당겨 계속 지렛대가 회전하면 바퀴와 그 축이 큰 힘으로 돌아가도록 했다. 그 다음, 인간은 이 회전하는 축과 다른 축의 도르래를 도르래 벨트로 연결하여 근력만으로는 도저히 불가능한, 대사적 재생과 관련되는 여러 가지 과제를 해낼 수 있도록 만들었다. 그렇게 해서 인간은 최초로 지능을 매우 중요한 방식으로 쓰기 시작했다. 에너지를 지렛대와 축, 기어 트레인, 댐 형태의 물질로서 사용하는 법을 발견했다. 그리고 물을 증발시켜 대기의 구름으로 상승시켰다가 물방울의 형태로 구름에서 지구 중심으로 떨어지도록 하는 태양 복사열의 에너지를 이용하는 방법도 발견했다. 에너지 순환 회로를 포괄적으로 이해하는 이 순간부터, 인간이 우주에서 담당하는 진정 중요한 기능은 지적 능력이었다. 이로써 우주 속의 국소적인 에너지 패턴을 파악하여 전용하는 법을 배웠고, 지렛대를 이용해 에너지 흐름을 재조직하고 방향을 바꿈으로써 인류는 장차 대사적 재생을 직간접적으로 활용하게 되었다.

여기서 형이상학적으로 보여 준 것은 인간이 새로운 실험을 할 때마다 더 많은 것을 배운다는 사실이다. 배움은 돌이킬 수 없다. 진실이라고 여긴 것이 진실이 아님을 배울 수는 있다. 그릇된 가정을 제거함으로써, 주어진 삶 동안 무가치하고 시간만 낭비하는 가설을 두고 궁리하는 일은 없어질 것이다. 보다 효과적이고 탐험적인 투자에 시간을 쓰면 인간의 부는 늘어날 것이다.

물질 에너지 상호작용을 실험적으로 재배치함(질량으로서 결합시키거나, 방사선, 자유 에너지로 해리시킴)으로써 지적인 노하우를 이용하고, 시험할 때마다 더 많이 배운다는 것을 알게 되었다. 노하우는 증가할 수밖에 없다. 굉장히 흥미로운 일이다. 우리는 부의 두 가지 구성 요소, 물질적 부와 형이상학적 부에 대해 주의 깊게 살펴보고 실험했다.

종합해 보면, 부의 물질적 측면, 즉 에너지는 감소할 수 없으며, 형이상학적 측면, 즉 노하우는 증가할 수밖에 없다. 이는 우리가 사용하면 할수록 부는 증가한다는 뜻이다. 엔트로피가 에너지의 분산으로 인해 증가하는 무질서라면, 부란 국지적으로 증가하는 질서다. 다시 말해서, 인간이 형이상학적 능력으로 국지적으로 탐사하고 이해한 물질적 힘을 끊임없이 팽창하는 우주 속에서 점점 더 질서있게 응축시킨 것이라는 뜻이다. 인간은 예측 못한 상황에서 겪은 반복된 경험으로 이와 같은 물질적 힘을 알게 되며, 모든 특수한 경험에도 작용하는 상호연관적이고 상호순응적인 일반 원칙을 뽑아낸다. 비가역적인 부란, 바로 이 일반 원칙의 사용을 우리가 지금까지 물질적으로 조직화하고 순서화한 양을 말한다.

부는 극도로 응축된 반(反)엔트로피이다. 정신과 두뇌의 차이는 무엇인가. 두뇌는 주관적이며 특수하고 기억되는 경험과 객관적 실험을 다루는 반면, 정신은 일반 원칙을 끌어내고 통합과 연결을 통해 그 효과적인 사용법을 알아낸다. 두뇌는 물질적인 것만 다루고 정신은 형이상학적인 것만 다룬다. 부는 정신이 물질을 지배한 결과물이다. 그리고 앞으로 대사적 재생이 유리하도록, 인간의 미래를 책임질 것이다. 그리고 엔트로피에 좌우되는 여러 가지 일에서 해방되어, 반엔트로피의 효과를 높이기 위해 저마다 타고난 협동능력에 투자하는 사람들과 시간이 늘어날 것이다.

우리가 가진 부는 인간 사회가 공식적으로 알지도 못하고, 인정하지도 않는 방식으로 계속 증가한다. 그렇기 때문에 경제 회계 시스템은 부를 물질로만 규정하고 노하우를 급료에 대한 책임으로만 기록한다. 우리가 여기서 함께 발견하고 있는 진정한 부의 본질이 세계 사회에선 너무나 놀랍게 여겨질 것이다. 공산주의 사회와 자본주의 사회 모두 마찬가지다. 사회 기업과 개인 기업 모두 상호작용을 통해 점점 더 많은 부를 만들어내지만, 치열한 경쟁 시스템으로만 여긴 채 깨닫지 못하고 있다. 우리의 공식적인 회계는 전부 시너지에 반대되고, 가치를 하락시키며, 엔트로피를 저당 잡히는 것인데, 이는 곧 역방향으로 증가하는 복리 때문에 죽음에 도달한다는 뜻이다. 반엔트로피로서 부는 시너지를 통해 복리를 만드는데, 이 성장은 전 세계 어느 정치경제 시스템 내에서도 설명된 바 없다. 우리는 물질적인 것에 고유한 가치를 부여한다. 여기에 에너지, 노동, 간접비, 이익을 포함하는 제조비용을 더한다. 그 다음에는 생산물의 가치가 빠르게 노후될 것이라고 보고 이 수치를 줄여 나가기 시작한다. 보통 무시해 버리는 소액의 저작권료를 제외하면, 한 생산물이 다른 생산물에게 부여하는 시너지적 가치, 혹은 독창성에 대해서는 아무런 평가도 하지 않는다. 가령 석유 시추에서 합금 드릴을 발명해 휘발유를 이용하게 된 것처럼, 팀의 각 요소가 상호보완적으로 작용함으로써 팀워크가 엄청나게 이로운 결과를 내는 데도 말이다.

어떻게 작용하는지 정확히 설명할 수는 없지만, 시너지를 통해서 진정한 부가 인류의 미래를 점점 개선한 결과, 1퍼센트도 안 되는 인류만이 건강하고 편안하게 생존할 수 있었던 상태에서 44퍼센트의 인류가 전에는 경험해 본 적도 꿈꿔 본 적도 없는 생활수준에서 살 수 있게 되었다.[5] 전 세계 일 인당 금속 자원의 양은 계속해서 감소하는 데도 불구하고, 전혀 예측 못했던 시너지적 성공은 삼분의 이 세기 동안 일어났다. 어떤 정부나 기업이 의식적으로, 구체적으로 시도하지 않고도 일어난 일이었다. 또한 인간이 점차 더 적은 자원을 가지고 시너지적으로 살 수 있는 준비를 갖춘 결과로 일어난 일이기도 했다.

이미 말했듯이, 시너지는 우리의 언어에서 그와 같은 의미를 갖는 유일한 단어다. 이 단어가 일반 대중에게는 알려져 있지 않으므로, 재산 거래를 경제적으로 계산할 때나 공통적인 재산 능력을 평가할 때 시너지를 감안하지 않는 건 당연하다. 해상, 공중, 우주에서 무기 수송 기구가 담당하는 모든 기능을 수행하는 각 유닛(unit)은 점점 더 적은 시간과 에너지를 투입하고도 점점 더 많은 일들을 해내고 있는데, 이같은 산업의 시너지적 측면은 지상에 위치한 사회의 자본 소득으로 정식 고려된 적이 없다. 전 세계에 통합된 산업 절차가 시너지적으로 갖는 효율은 국가별로 작동하는 개별 시스템의 한정된 시너지 효율보다 훨씬 크다. 따라서 전 세계에서 국가 권력을 완전히 없애야만 모든 인류에게 높은 수준의 지원을 해줄 수 있다. 하지만 과학적으로도 밝혀졌듯, 복잡한 도구를 만드는 단순한 도구들이 점점 더 효과적으로, 예전에는 예측하지 못한 화학성분을 결합하면서 시너지적으로 증가하고 있다. 세계 산업화의 역사를 통틀어 보면, 다양한 시너지적 상호반응에서 놀라운 새 능력이 계속해서 등장해 왔다. 독특하게 행동하는 화학원소군 가운데 아흔두 개의 재생적 원소군, 그리고 초우라늄 원소군도 거기에 속한다.

복잡한 환경의 진화는 생물체와 그 도구에 의해서도 시너지적으로 일어나지만, 지진이나 폭풍 같은 비생물적 사건으로도 생겨나 개개의 생물이 지닌 창의성에 도전한다. 이러한 도전 역시 재생적이다. 또한 우리가 공유하는 부는 실험에서 얻은 정보로도 증가한다. 이때 정보는 기하급수적으로 증가하면서 부가 지니는 이점을 통합한다. 세계가 공유하는 부의 성장률에 시너지가 미치는 효과는, 다양한 이념의 정치 체제, 그 회계 시스템 모두가 완전히 간과해 왔다. 우리의 부는 본래 공유하는 것이며, 그 부는 증가할 수밖에 없다. 그리고 스스로 가속하는 시너지적 속도로 계속 증가하고 있다.

하지만 정치 지도자들은 대단히 위협적인 적의 도전에 두려움을 느낄 때만 그 막대한 부를 아주 조금, 우연히 소모한다. 사회주의와 자본주의 모두, 그런 경우가 닥쳐야만 필요한 비용이 얼마가 되든지 감당해야 한다고 생각한다. 자산을 더 늘리는 데 필요한 유일한 조건은, 생산 증대를 위해 설계를 구상하고 감축하는 생산 기술자들의 능력이다. 이와 같은 생산 증대를 위한 진보적 실천은 개별적으로나 실험적으로 증명되었지만 아직까지 개발된 적은 없는 형이상학적 기술에 달려 있다. 또한 해당 시점에서 전략적으로 이용 가능한 자원, 특히 그때까지 실제 사용한 적은 없지만 유의미한 발명품이 얼마나 있느냐에 따라 결정된다.

얼마 전만 해도, 알려진 물질을 이용해서만 건물이나 기계, 그 밖의 제품을 만들어낼 수 있다고 생각했다. 과거에도 이따금 과학자들은 생산 기술의 전망을 바꾸어 놓는 새로운 결합을 발견하곤 했다. 하지만 이제 항공우주기술 방면에서 인간은 형이상학적 능력을 크게 발전시켜 '주문에 따라' 완전히 유일무이한 물질을 탄생시킨다. 이 새로운 물질은 우주 어딘가에 존재하는 것으로, 전에 알려졌던 모든 물질을 초월하는 물리적 행동 특성을 갖는다. 따라서 인간이 발사하고 로켓 추진된 재진입 노즈콘(nose-cone) 로켓이 개발되었다. 시너지는 핵심에 관한 것이다. 지금까지 인간이 보여 준 것처럼, 사회 전체가 긴급한 상황이라는 압박을 받을 때만 비로소 효과적이며 적절한 대안적 기술 전략이 시너지적으로 등장한다. 이때 우리는 정신이 물질을 지배하고, 국가가 지리적으로 규정한 장소에 얽매이는 자아정체성 규정에서 인류가 벗어나는 순간을 목도하게 된다.

# 7 통합적 기능

미국 최초의 인구 통계는 1790년에 실시되었다. 1810년 미국 재무부는 초기 민주주의 국가로서는 처음으로 경제 통계를 실시했다. 당시 이 나라에는 백만 가구가 있었다. 또한 백만 명의 노예도 있었다. 그렇다고 집집마다 노예가 있었다는 의미는 아니다. 전혀 그렇지 않았다. 노예는 상대적으로 소수만이 소유했다.

재무부는 미국 평균 가정이 갖고 있는 사유지, 건물, 가구, 도구를 화폐 가치로 바꾸면 가구당 삼백오십 달러가 된다고 했다. 재무부는 노예 한 명당 평균 가치를 사백 달러로 책정했다. 미국 내륙지역 황야의 가치는 가구당 천오백 달러로 추산했다. 위의 자산에 운하와 유료 도로를 합치면 각 가구당 총 삼천 달러의 자본이 되었다. 이로써 미국 국가 전체의 재산은 삼십억 달러에 해당했다.

1810년, 미국 시민 연합이 선견지명을 가진 지도자들을 모아서 미국과 전 세계의 생명유지시스템을 가장 효과적으로, 신속하게 발전시키는 백오십 년짜리 대규모 경제 기술 계획에 착수하게 했다고 가정하자. 그 계획은 1960년까지 완성, 실현하는 것이다. 1810년 당시에는 전보가 발명되지 않았음을 기억하자. 전자기도, 대량 생산을 해내는 철강도 없었다. 철도는 아직 꿈도 꿀 수 없었고, 무선, 엑스레이, 전등, 전선과 전동모터는 말할 필요도 없다. 원자의 주기율표라든가 전자의 존재 같은 개념도 없었다. 우리의 조상 중 누군가가 1810년에 재산을 달에서 레이더 충격파를 반사시키는 데 투자했다면, 정신병원에 갇혔을 것이다.

가장 유능한 지도자들이 미국이 1810년에 공적, 사적으로 소유한 자본 삼십억 달러 '전부'를 '수천 배 돈이 더 드는' 십조 달러짜리 모험에 투자하는 것은 앞뒤가 맞지 않는다. 물론 그 모험은 이후 실제로 감행되었다. 그러나 기술적으로 무지하고 때로 잔인한 소수의 폭군들로부터 일반 시민들이 그때까지 얻어낸 얼마 안 되는 권리를 잃게 되는 전쟁의 위협하에서 이루어진 일이었다.

1810년에는 제 아무리 뛰어난 인류 지도자들조차도 백육십년이 지난 1970년, 미국의 국민총생산이 연간 일조 달러에 도달하리라고는 생각하지 못했다.[6] (이는 전 세계의 화폐용 금이 사십억 달러에 불과하다는 것과 비교된다.) 수익을 10퍼센트로 가정하면, 1970년의 일조 달러 생산은, 자본 베이스로 생각하면 십조 달러의 돈이 미국 내에서 움직인다는 의미다. 1810년 가장 현명한 사람들이 전 세계 재산 발생 잠재력에서 미국의 몫 중 '증명된 가치' 1퍼센트의 삼백분의 일만을 인정했던 것이다. 물론 당시 가장 현명했던 사람들도 미래의 가능성을 예상하지 못했을 것이다.

큰 비전과 확실한 정보를 지닌 1810년의 조상들은 엄청난 우주의 시간 중에서 겨우 한 세기 반 만에 인간의 수명이 세 배가 되고, 개인의 연간 순수입이 열 배가 되며, 질병 대부분이 정복되고, 여행의 자유가 백 배는 되리라는 것을 예상하지 못했다. 인간이 전 세계 어디에 있는 상대와도 시속 십일억 킬로미터의 속도로 대화할 수 있으며, 그 소리가 금성까지 또렷하게 도달하리라고도 예측하지 못했다. 그리고 인간의 가시 범위가 지구에서 달 위의 조약돌과 모래알까지 도달할 수 있으리라고 짐작하지 못했다.

1969년 현재, 모든 인류의 진화에 영향을 주는 물질 환경 변화의 가속화 가운데 99.9퍼센트가 인간의 지각 능력으로는 직접 감지할 수 없는 전자기 스펙트럼 영역에서 일어나고 있다. 그것들이 보이지 않게 새로운 것을 탄생시키고 있기 때문에, 이십일세기에 이르기까지 삼십오 년 동안 일어나는 변화가 미국 최초의 인구 조사 이후 백오십 년 동안 이미 일어난 변화보다 훨씬 더 크리라는 사실을 세계는 이해하지 못할 것이다. 우리는 보이지 않는 바닷물에 휩쓸려 있다. 만약 인류가 살아남는다면, 썰물이 되어 바닷물이 빠져나가면서 우리는 뭐가 어떻게 돌아가는지도 모른 채 전체의 성공이라는 섬에 안착할 것이다.

하지만 이십일세기가 되면 인류는 우주선 지구호에 타고

있지 않을지도 모른다. 지금과 비슷한 인구가 타고 있다면, 필요한 것과 하고 싶은 것을 다 하려다간 아무 것도 감당하지 못한다는 걸 제대로 깨닫고, 스스로를 조직해냈으리라 본다. 그결과 지구호에 기지를 둔 인류는 가장 중요한 의미에서 물질적, 경제적으로 성공하고 개인은 자유로울 것이다. 모두가 지구 전체를 향유하는 가운데, 그 누구도 서로를 간섭하거나 타인을 희생시켜 이득을 얻지 않는다. 인간은 깨어 있는 시간의 99.9퍼센트를 자신이 원하는 대로 자유롭게 쓸 수 있다는 점에서 자유롭다. 인간은 '너' 아니면 '나'라는 기준의 생존 경쟁에서 벗어난다는 의미에서 자유롭고, 따라서 서로를 신뢰하고, 즉각적이고도 논리적인 방식으로 자유로이 협력할 것이다.

이십일세기의 막이 오르고 첫 삼분의 일 세기 동안 인류의 사소한 실수와 편견, 근시안적인 판단 착오, 독선적 자기기만이 적어도 육백조 건의 오류를 일으킬 수 있다. 자궁 속에서 수정란이 임신되는 것을 막을 수 없듯이, 인간의 힘으로는 막지 못하는 진화를 통해 현재 예측 불가한 시너지적 방식으로 인간은 미래를 향해 전진할 것이다. 1810년에 살던 현명한 선조들조차 지난 백오십 년 동안 이루어낸 십조 달러 가치의 발전을 예측하지 못했듯이 말이다.

이 모든 상황을 고려할 때, 인간이 어리석고 무지하며 번영할 가치가 없는 존재라고 말하기는 어렵다. 오히려 우주의 진화 속에서 인간은 경제 완충장치를 얻어 매우 안전하게 발전할 수 있다. 시행착오를 겪으며, 타고난 세심한 개념화와 위대한 비전을 이용해 전 인류와 함께 미래를 향해 나아갈 것이다. 그리고 우주 속에서 인간이 담당하는 잠재적 기능을 인간 지성은 온전히 인정할 것이다. 앞의 내용을 찬찬히 살펴보았다면, 내 말에 반사적으로 부정적인 반응을 보이는 이들의 의견이 비현실적이고 앞뒤가 맞지 않다는 걸 알게 된다.

지금까지 나는 재산을 완전히 새롭게 시너지적으로 평가하는 방법을 소개했다. 그리고 우리가 함께 정의한 재산 개념에서 오류를 발견했다면 누구라도 반대 의견을 표명해 달라고도 했다. 따라서 해야 할 일과 하고자 하는 일을 성취할 여유가 있다는 데 모두 동의한 것이다.

확신하건데, 지금 이 순간 세계 사회에서 가장 시급한 문제는 인도의 장인(匠人) 중에서 가장 높은 보수를 받는 사람이 미시간 주 디트로이트에서 하루면 벌 수 있는 돈을 인도에서는 한 달에 버는 것과 같은 부조리, 이를 타파해 줄 현실적인 경제 회계 시스템을 도입하는 것이다. 상황이 이러한데, 인도가 어떻게 유리한 무역수지를 발전시킬 수 있단 말인가.[7] 유리한 것은 차치하고, 실행 가능한 무역수지를 얻을 수 없다면, 어떻게 오억의 인구가[8] 전 세계와 상호작용하겠는가. 수백만의 힌두교인들은 국제 통화 시스템은 고사하고 미국에 대해 들어 본 적도 없다. 키플링(R. Kipling)은 이렇게 말했다. "동양은 동쪽이고 서양은 서쪽이니 그 둘은 결코 만나지 않기를."

위대한 해적들이 수 세기 동안 인도-차이나를 약탈하고, 유럽에서 그 전리품을 현금으로 바꾼 결과, 인도와 스리랑카의 수십억 인구가 몇 백 년 동안 극심한 빈곤과 영양실조, 육체적 고통에 시달렸고, 그러다 지상에서의 삶은 지옥 같은 시련일 뿐이며 개인이 더 참담한 상황에서 고통당할수록 천국에 더 빨리 들어간다고 믿는 종교를 갖게 되었다. 이런 까닭에, 인도인들은 현실적인 방식으로 도우려는 사람들이 천국으로 가는 길을 막는다고 믿는다. 인생의 절망을 달리 설명할 길이 없기 때문에, 결국 이 지경이 된 것이다. 다른 한편, 그들은 굉장히 유능한 사상가다. 세계와 자유롭게 교류한다면 그들은 그러한 시각과 운명을 바꿀 수 있다. 인도에서 인구의 세 명 당 한 마리 꼴로 있는 소들이 거리를 활보하며 헛소리의 신성한 상징으로서 자동차들을 막고 있는데, 정작 인도인들은 기아에 허덕이고 있으니 참으로 역설적이다.[9] 어쩌면 이전의 몇몇 정복자들이 자기들 몫의 소를 보존할 생각으로 그런 교리를 만들었을지도 모른다. 유럽의 왕들이 왕만 고기를 먹어야지 평민이 고기를 먹으려고 소를 죽이면 사형시키라고 하면서, 그 칙령이 신의 뜻이라고 했듯이 말이다.

현대인들의 근거 없는 믿음 중 하나는 부가 개별적인 은행가와 자본가에게서 나온다고 생각하는 것이다. 이 개념은 가난한 사람들, 장애가 있는 사람들, 혼자 살아갈 수 없는 어린

아이들과 노인들에게 구호품을 달라고 구걸해야 하는 수많은 자선단체들에서 찾아볼 수 있다. 이 자선단체들은 과거, 모두가 충분히 나눠 가질 게 없다고 생각하던 해적 시대의 잔재다. 또한 우리가 불쌍한 이들을 전부 돌볼 수 없다는 가정에서 비롯됐다. 은행가들의 조언을 받은 정치가들은 전쟁과 거대 사회 역시 감당할 수 없다고 주장한다. 그리고 지출한 부는 어딘가 아무도 모르는 비밀 금고에서 나온다는 근거 없는 믿음으로 인해, 그 어떤 자유롭고 건전한 개인도 누구든지 남이 '거저로' 나누어 주는 것을 원하지 않는다. 그런 이들은 '실업수당'을 받는 것도 수치로 여겨 거절한다.

이차대전 이후 건강하고 잘 훈련된 청년 수백만이 갑자기 전역했다. 전쟁을 겪는 동안 '전시 상황'에 잘 맞출 수 있도록 자동화를 이루었기 때문에 그들이 얻을 일자리는 별로 없었다. 우리 사회는 신체 건강하고 좋은 정보를 습득한 수백만의 젊은이들이 일자리를 얻을 수 없다고 해서 부적격이라고 말할 수 없었다. 역사적으로 볼 때, 바로 그 순간까지는 다윈의 '적자생존'의 투쟁에서 적격임을 나타내는 기준이 바로 취업이었다. 그런 긴급 상황에서 제대군인 원호법(援護法)이 입법화되었고, 그 덕분에 청년들은 모두 교육을 받았다. 이는 그들의 참전에 대한 인간적 예우를 갖춘 포상이지 '거저' 나누어 주는 것으로 간주되지 않았다. 그리고 그들은 교육으로 노하우와 정보를 늘려 수십 억 달러의 새로운 부를 생산했고, 당시 젊은 세대의 즉각적인 진취성 함양에 이바지했다. 이처럼 부의 '무모한 탕진'이 될 수도 있는 상황에 직면했을 때, 시너지적 조건을 만들어 인류 역사상 최고의 번영을 이루게 되리라는 사실을 그때는 미처 알지 못했다.

이십세기 이전의 모든 역사를 통틀어 전쟁은 승자와 패자 모두에게 파멸을 초래했다. 산업시대 이전에는 전쟁이 일어나면 밭에서 일손을 빼앗아 갔고, 농업 재산을 키워내는 밭은 황폐해졌다. 그러므로 산업시대 최초의 전면전이었던 일차대전이 끝나면서 특히 미국, 그밖에 독일, 영국, 프랑스, 벨기에, 이탈리아, 일본, 러시아까지도 참전 당시보다 산업 생산 능력이 어느 정도 증가한 상태로 종전을 맞이한 것이 놀랍다. 그 부는 곧 잘못된 판단으로 이차대전에 투입되었고, 그 결과 이미 낡은 건물들이 쓰러지긴 했지만, 더 큰 재산 생산 능력이 등장하게 되었다. 폭격과 포화, 화재로 건물이 파괴되어도 기계는 거의 망가지지 않았다. 생산 도구의 능력은 그 가치와 마찬가지로 무한히 증가했다.

산업시대 양차대전으로 이처럼 뜻밖에 재산이 증가한 것은 몇 가지 요소가 복합적으로 이루어낸 결과였다. 하지만 가장 주된 요소는 더욱 효율적인 산업 도구를 생산하는 장비와 도구를 점진적으로 찾아갈 때, 결국 무기와 화약을 제조하는 특수 목적 장비의 생산성에 비해 시너지를 일으키는 도구 복합체를 구성하는 일반용 도구 대부분의 생산성이 훨씬 더 높다는 사실이었다. 둘째, 양차대전은 도구를 수용하는 벽돌 및 목재 구조물들을 파괴했다. 이 구조물들은 너무나 노후했음에도 불구하고 단지 쓸 수 있다는 이유만으로 지나치게 오래 사용했던 것들이다. 새로운 젖소의 생산이라는 모험을 시도하지 않고 오래됐지만 이미 증명된 젖소의 젖을 계속 짜려는 사람들의 안일한 욕구가 최신 도구의 도입을 방해해 온 것이다. 셋째, 파괴된 시설을 우회하기 위해 개발된 대안적 혹은 '대체적' 기술이라는 놀라운 시너지 기술이 있었다. 그것은 파괴된 도구보다 훨씬 더 효율적인 경우가 많았다. 넷째, 금속 그 자체는 파괴되지 않았을 뿐만 아니라, 무게당 성능이 훨씬 뛰어난 새로운 도구에 더 빨리 재투입되었다. 그래서 독일이나 일본 같은 패전국들도 하룻밤 사이에 전후 산업의 승자가 되었다. 그들의 성공은 지금은 사라진 경제 평가 시스템의 오류를 보여 주었다.

따라서 인간은 직관과 지능을 점차적으로 더 활발히 활용함으로써 우주에서 작용하는 여러 일반 원칙을 발견했다. 그리고 그 원칙을 객관적으로, 하지만 개별적으로 활용해서 도구를 발명하고 멀리까지 연장시키며 무생물 에너지를 이용해 원거리 작동을 가능하게 함으로써 내적 물질대사의 재생을 확장해 왔다. 몸에 달린 도구 능력(손)만 가지고 입에 물을 따르면 살아남겠지만, 인간은 더욱 효과적인 목재, 석재, 혹은 도기 그릇을 이용해서 물을 마시고 운반하면서 사냥이나 열매

채취 활동 범위를 넓혔다. 모든 도구는 본래 신체에 포함되어 있는 기능을 외부로 확장시킨 것이다. 하지만 인간은 도구를 개발하면서 그 용도의 한계를 뛰어넘기도 한다. 더 큰 컵을 이용해, 너무 뜨겁거나 유해한 화학물질이라서 손으로 못 쥐는 액체를 담을 수도 있기 때문이다. 도구는 새로운 원칙을 도입하게 할 뿐만 아니라, 발견한 원칙을 효과적으로 이용할 수 있는 조건의 범위를 넓히기도 한다. 세계 기술의 성장에는 새로운 것이 없다. 그 효력이 미치는 범위가 크게 증가했다는 사실이 놀라울 뿐이다. 컴퓨터는 인간 두뇌의 모방이다. 새로울 것 없지만, 컴퓨터는 인간의 육체가 견딜 수 없는 환경 조건에서 작동할 뿐 아니라, 그 용량과 처리 속도, 지치지 않는 특성 덕분에 인간 두뇌 속에 들어 있는 두개골과 조직보다 특수 과제를 수행하는 데 훨씬 더 효과적이다.

인간의 정말 독특한 점은 자신이 가진 모든 기관의 기능을 하나하나 분리하고, 효율적으로 사용하고, 증폭시키고, 더욱 예리하게 갈고 닦는다는 것이고, 그 사례는 굉장히 많다. 어떤 환경에 놓여도 뛰어난 적응력으로 그곳을 개발하는 인간은 생명현상 가운데 독특한 존재다. 이 조직체는 지성과 자기 훈련을 통해 솜씨 좋게 물건을 발명하고, 스스로를 확장시키는 도구를 만드는 능력을 애초부터 갖고 있었다. 새와 물고기, 나무는 모두 전문적이며, 전문적인 능력-기능적인 도구는 신체의 일부로 포함되어 있어서 적대적인 환경을 침투할 수 없다. 인간은 적대적인 환경의 도전을 받을 때면, 반복되는 경험으로 필요하다고 판단하는 즉시 도구를 발명함으로써 전문화된 기능의 능력을 하나하나 신체의 외부로 옮겨 분리한 뒤에 증폭시킨다. 그리고 전문가로서 몸에 지닌 장비를 잠간 사용하고, 그 기능을 곧 몸과 분리된 도구로 바꾼다. 인간은 근육과 두뇌를 가진 로봇이 되어 자동 동력 도구와 육체적으로 경쟁할 수 없다. 하지만 우주로부터 얻은 에너지를 형이상학적으로 조절하면서 정밀하게 대량 생산하는 기계를 강력하게 작동할 수는 있다. 인간은, 전 세계를 에너지 네트워크로 묶은 도구 집합체로, 스스로의 기능을 분산시켜 왔다. 그리고 그 총합이 바로 우리가 세계 산업화라 부르는 것이다.

## 8 재생의 풍경

이렇게 해서 인간은 우주선 지구호와 그 모든 자원을 아우르며 대사적으로 계속 재생하는 유기체를 드러내고, 그것을 발전시켜 왔다. 인간이면 누구나 그 유기체를 물리적으로 이용할 수 있는데, 유기적으로 통합된 기술 도구를 이용하는 인간은 한 명이면 된다. 지금까지 우리 우주선에서 발견된 아흔두 개의 화학원소 가운데 아흔하나가 전 세계 산업 네트워크에 완전히 이용되고 있다. 전체 화학원소는 불균등하게 분배되어 있다. 따라서 우리의 행성 전체는 항상 그 모든 요소 하나하나의 독특한 물리적 행동을 통합해서 산업화한다. 역설적이지만, 현재 우주선 지구호는 한쪽 조종사석에는 러시아인들이, 다른 조종사석에는 미국인들이 앉아 있는 위험한 상황이다. 프랑스는 우현 엔진을, 중국은 입구 엔진을 조종하는 반면, 유엔은 승객의 활동을 담당한다. 그 결과 점점 더 많은 수의 주권 국가가 마치 유에프오의 환영처럼 나타나 믿을 수 없는 가속도로 이리저리 날아다니거나 주위를 빙빙 돌면서 사라지지 않는다.

인류의 모든 도구는 크게 두 가지로 나뉜다. 하나는 기술 도구이며 또 하나는 산업 도구이다. 나는 기술 도구를 황야에 벌

거벗은 채 홀로 서 있는 인간이 오직 자신의 경험과 신체 기능만을 이용해서 발명할 수 있는 모든 도구라고 정의한다. 이와 같은 고립된 조건 속에서 인간은 창과 투석기, 활과 화살 등을 발명했다. 산업 도구는 한 사람이 생산하기 어려운 모든 도구를 의미한다. 가령 여객선 퀸 메리 호가 그 예이다.[10] 이 정의에 따르면, 적어도 두 명만 있으면 전개 가능한 대화가 최초의 산업 도구임을 알 수 있다. 그것은 모든 개별 세대 사이의 경험, 모든 장소, 모든 시간에 존재했던 모든 인류의 사고를 계속 통합시켜 주었다. 성서는 이렇게 말한다. "태초에 말씀이 있었다." 나는 이렇게 말하고자 한다. "산업화의 태초에 대화가 있었다." 언어와 사상을 상세하게 기록하면서 컴퓨터가 시작된다. 컴퓨터는 정보를 저장하고 회수하기 때문이다. 문자 언어, 사전, 책은 최초의 정보 저장 및 회수 시스템이었다. 기술 도구는 최초의 산업 도구를 만들기 위해 사용된다. 현재 인간은 손을 매우 유익하게, 전문가적으로 사용해 버튼을 누른다. 그러면 다른 도구를 재생산하는 도구의 작동이 시작된다. 그리고 그 다른 도구는 다른 도구를 만드는 데 유용하게 사용될 수 있다. 기술 경제에서 기술 도구 제작자들은 최종 산출물이나 소비 산출물만 만든다. 산업 경제에서 기술 도구 제작자들은 도구를 만들며 도구는 최종 산출물이나 소비 산출물을 만든다. 이와 같은 산업 발전 속에서 인간의 기계적 이점은 빠르게 축적되어 가며 시너지를 일으키고, 보이지 않는 엄청난 양의 예리하고 포괄적인 도구를 생산한다. 즉, 한 단위의 최종 산출물이나 서비스, 성과를 기준으로 볼 때, 점점 더 적은 양의 자원 투자로 점점 더 많은 양을 생산해내게 된다.

산업화를 연구하는 과정에서 대량 소비가 없으면 대량 생산도 이룰 수 없음을 배운다. 급료를 올리고 그 혜택을 확산시키며 노동자 고용 축소에 반대하는 노동 운동에 의해, 이는 진화론적으로 달성되었다. 노동 운동은 대량 구매를 가능하게 했다. 그에 따라 대량 생산도 가능해졌다. 훨씬 더 수준 높은 상품과 서비스에 더 낮은 가격이 매겨졌고, 이 모든 요소가 결합되어 인류의 생활은 새로운 차원으로 향상되었다.

초중고 교사와 대학 교수를 포함해서, 급료를 받는 모든 노동자들은 자동화로 인해 일자리를 빼앗길 수도 있다는 두려움을 의식적으로, 혹은 무의식적으로 느낀다. 그들은 '생계를 이어나가는 일' 즉 먹고 살 권리를 얻지 못하게 될까 봐 두려워한다. 그런데 이와 같은 표현의 기저에는 인간이 생활비를 벌지 못하면 죽는 게 정상이며, 생계를 이어 나가는 것이 노력이 필요한 비정상적인 일이라는 생각이 깔려 있다. 비정상적이거나 예외적인 것만이 번영할 자격이 있다는 논리는 앞뒤가 맞지 않는다. 과거에 이런 표현은, 성공이란 너무나 비범해서 신으로부터 자격을 받은 왕과 귀족들만이 끼니를 제대로 이을 자격이 있다고 암시하기도 했다.

편견을 없애려는 의지가 있는 사람들은 자동화가 인간의

근육과 두뇌의 반사작용에 의한 수동 생산보다 훨씬 더 빠르고 많이 부의 물질 에너지를 증가시킨다는 사실을 쉽게 받아들인다. 한편 점점 더 자동화되는 부의 생산 기계가 새롭게 해낼 일을 미리 내다보고, 통합시키고, 대책을 마련할 수 있는 존재는 인간뿐이다. 인간이 지적으로 이용해 주기를 기다리고 있는 막대한 부를 잘 이용하고, 자동화를 지연시키려는 노동조직을 설득하려면, 모든 실직자들이 평생 연구와 개발, 혹은 단순 사유를 하며 일할 수 있게 해야 한다. 인간은 삶의 특권을 잃을 두려움 없이 진실하게 사유하고, 그에 따라 행동할 수 있어야 한다. 사유 집단은 과학적 탐험과 실험적 원형의 개발을 폭넓게 확장하고 가속화하게 해 줄 것이다. 연구 및 개발, 혹은 단순 사유에 종사하는 십만 명 중, 아마도 한 명은 다른 구만 구천구백구십구 명의 회원의 급료 값어치에 해당하는 업적을 이룰 것이다. 따라서 기계가 더 잘할 수 있는 일을 빼앗기지 않으려고 안간힘을 쓰는 인간이 생산 증대에 방해가 되는 일은 더 이상 일어나지 않을 것이다. 반대로, 전방위적으로 자동화되고 기계가 동력을 공급하는 생산은 인류만이 가진 능력, 즉 형이상학적 능력을 해방시켜 줄 것이다. 역사적으로 보았을 때 이러한 단계는 다음 십 년 내에 이루어질 것이다. 의심의 여지가 없는 일이다. 하지만 그러기 위해서는 사회적 위기와 그 위기에서 얻은 교훈, 그리고 우리가 가진 무한한 부의 본질을 발견해야 한다.

다양한 연구 및 개발 단체들은 인간이 근육과 반사작용만을 사용하는 기계 상태에서 해방되게 할 것이다. 모든 이들이 최강의 정신력과 통찰력을 개발하게 된다. 연구 및 개발 단체에서 활동하면, 젊은 시절 불만을 느꼈던 많은 이들이 마치 낚시터에 가듯 해방감을 맛보게 될 것이다. 낚시는 명징하게 사고하는 데 훌륭한 기회를 제공한다. 삶을 점검하고, 이전에 좌절하고 포기한 희망과 호기심을 기억해내게 한다. 우리는 모든 사람들이 명징하게 **사고하길** 바란다.

부가 굉장히 빠른 속도로 증가해 아주 위대한 일들을 성취할 수 있게 될·날이 머지 않았다. 자연 경관이나 고대 유적 같은, 인류가 오래 전부터 남긴 자취를 손상하지 않고 살아가는 것, 혹은 로맨스와 비전, 조화로운 창조력의 통합을 해치지 않고 살아가기 위해, 앞에서 설명한 내용이 현실적으로 어떤 도움을 줄지 모두 생각해 보았으면 한다. 큰 사무실 건물을 채우던 노동자들은 모두 사라지고, 자동화된 정보 처리 업무는 몇몇 건물의 지하실에서 집중적으로 이루어질 것이다. 그렇게 되면 현대적인 건물들을 주거 시설로 사용하게 된다.

보편적인 일반 시스템을 바탕으로 문제에 접근하고, 관련 없는 것들을 하나씩 제거해 나간다면, 마치 아티초크(국화과 식물로 꽃봉오리의 속대를 식용으로 쓴다—옮긴이)에서 꽃잎을 한 겹씩 벗겨내듯이 한 가지 조치를 취할 때마다 그 다음으로 중요한 대처 사항을 발견하게 될 것이다. 우리는 현재의 중심에서 **당신**과 **나**를 조금씩 밝혀내게 된다. 하지만 진화가 제대로 이루어지려면 그 꽃잎의 겹이 무엇인지 알고 한 겹 한 겹 벗겨내야 한다. 이제 우리는 아인슈타인이나 플랑크와 같은 과학자들이 최근 이룬 발견과 연결해서 우주를 새롭게 정의한다. 우주에서 인간이 담당하는 기능이란, 지금 우리 위치에서 관찰할 수 있는 각 단계와 표준시간대 내에서 실험적으로 증명할 수 있는 가장 효과적인 형이상학적 능력을 가진 존재가 되는 것이다. 또한 인류 경험의 특수 사례를 파악해 정리하고, 거기서 우주의 모든 물질 진화 현상을 지배하는 일반적이고 추상적인 원칙의 복합체, 즉 선험적 존재를 알아내는 것이 인류의 과제다.

인간은 오직 정신을 가지고 일반 원리를 독창적으로 이용해서 우주에서 무한히 공급되는 가용 물질 에너지를 지역적으로 사용하고 보존한다. 그렇게 해야만 엔트로피적이고 물질적인 우주의 다양하고 국지적인 무질서한 행동을 이용할 수 있다. 인간은 물질대사 재생이 성공적이고 형이상학적으로 이루어지는 패턴과 그에 맞는 규모와 주파수 안에서 진화적으로 조직된 환경을 형이상학적으로 파악, 예측, 변경, 도입한다. 그래야 살아남기 위해 잡다한 일을 하던 지난 시대의 무지와 시간 낭비에서 점점 더 자유로워진다.

이제 우리는 물질 에너지가 보존될 뿐만 아니라, 서리와 바람, 홍수, 화산, 지진 융기, 땅 속에서 계속되는 복잡한 화석화와 광합성으로, 우주선 지구호의 화석 연료 양이 점점 더 늘어난다는 사실을 안다. 이를 덮고 있던 겹겹의 꽃잎들도 벗겨냈다. 그러니 인류 전체가 성공할 수 있다는 사실도 깨달았는데, 물론 우주선 지구호가 수십 억 년간 에너지 보존으로 모은 에너지를 천문학적 역사의 일 초에 해당하는 짧은 기간에 다 써버릴 만큼 어리석지 않다는 것을 전제로 한다. 이렇게 모은 에너지는 시동 모터에 사용하도록 지구의 생명 재생 보장 계좌에 저축되어 있다.

우주선 지구호에 모인 화석 연료는 주 엔진의 시동 모터 가동을 위해 보존할, 자동차의 저장 배터리에 해당한다. 우리의 '주 엔진'인 생명 재생 과정은 매일 얻는 풍력, 조력, 수력, 태양열 에너지 수입만으로 작동해야 한다. 화석 연료 저축 계좌는 생명 유지에 필요한 물질 에너지를 더 효과적으로 유지하여, 생명과 인류를 지탱하는 새 기계를 만들기 위해 우주선 지구호에 탑재되었다. 또 화석 연료 저축 계좌는 태양 복사열과 달의 인력이 만드는 조수, 바람, 비 에너지만으로도 형이상학적 능력을 유지하게 한다. 주요 산업 엔진과 생산 자동화를 유지하는 데는 날마다 생성되는 에너지로 충분하다. 열대 허리케인의 일 분간 에너지가 미국과 소련의 핵무기를 전부 합친 에너지와 같다. 이와 같은 구도를 이해해야만 앞으로 달의 인력에 의한 조력이나 태풍으로 인한 풍력, 수력, 전력을 이용해 우주를 향유하고 탐사할 수 있다. 화석 연료를 바닥내는 속도가

'배터리 충전' 속도를 앞질러서는 안 된다. 다시 말해, 지구의 땅 속에 화석 연료가 쌓이는 속도를 추월해서 사용해서는 안 된다.

우리는 우주선 지구호에 탑승한 모든 사람이 타인을 간섭하거나 희생해 이익을 보지 않고도 우주선이 주는 혜택을 함께 향유할 수 있음을 안다. 물론 원자로의 에너지로만 동력을 공급해 우주선과 그 작동 장비를 모조리 태워 버릴 만큼 어리석지는 않아야 한다. 화석 연료와 원자력 에너지를 지나치게 근시안적으로 이용하면, 마치 시동 모터와 배터리만 가지고 자동차를 몰다가 배터리가 다 닳으면 자동차를 구성하는 원자를 연쇄반응으로 소모시켜 재충전하는 것과 같은 자기 파괴적인 상황에 처한다.

이제 왜 우리가 장비를 사용해 지적 능력과 신체를 연장하지 안다. 모든 인류가 지속적으로 성공하게 할 능력이 충분하다는 사실도, 두뇌 능력과 정신 능력 사이의 차이도 안다. 가차 없고 약삭빠르고 잔인한 자들만이 결국 살아남고, 그나마도 기대 수명의 삼분의 일밖에 살지 못하는 참담하고 어두운 과거, 문맹과 무지 속에서 인류에게 미신과 열등 콤플렉스가 주입되었다는 것도 알고 있다.

이 모두를 감안하면, 인간이 망각에 빠지지 않고 물질적, 형이상학적으로 성공적인 안전 비행을 하기 위해서는 당장 시급한 교육이 있다. 이 교육을 마친 다음에야 인간은 우주선 지구호에 탑승해 우주를 탐험할 수 있다. 인류가 제대로 이해하고 반응한다면, 완전히 새로운 장의 경험을 열고, 새로운 사고와 추진력을 얻게 될 것이다.

무엇보다 중요한 점은, 이젠 모두가 성공하거나 아무도 성공하지 못하거나 둘 중 하나라는 사실이다. 상호 보충적이지만 거울상의 이성질체(異性質體)는 아닌 양자와 전자의 관계가 보여 주듯이, '하나의 개체는 복수이며 최소한 둘'임이 물리학 실험으로 증명되었기 때문이다. 여러분과 나는 서로 다르지만 상호 보충적이다. 우리는 함께 평균 0, 즉 영원(永遠)을 만든다.

이제 우주적 차원의 궤도 개념도 알고 있으니, 우주선 지구호는 로켓 컨트롤을 역추진해 대기로 재진입하고 혼란스러운 현재로 돌아가 보자. 사람들은 교배로 태어난 **세계인**이 서로 다른 민족과 인종으로 이루어져 있다는 허구를 아직도 믿는다. 이 믿음은 교배라는 개념 자체와 상충한다. 민족이란 여러 멀리 떨어진 소수 민족 내에서 여러 세대를 걸쳐 동종교배함으로써 생겨난 산물이다. 할아버지 족장이 근친과 결혼해서 유전자가 농축되면서 민족 고유의 생리적 특징이 생겼다. 북극 지역에서는 피부가 탈색되고, 적도 지역에서는 다들 옷을 벗고 있어 피부가 어둡게 착색됐다. 모든 것이 독특한 지역 환경 조건과 동종교배의 결과이다.

북미 대륙에서 이종교배로 태어난 세계인들은 두 가지 **입**

**력** 세트로 구성된다. 첫번째 시기의 입력 세트는 태평양을 건너 뗏목과 배를 타고 동쪽으로 부는 바람과 해류에 따라 북미, 남미, 중미로 온 사람들이다. 그들은 최소 삼만 년 전, 어쩌면 수백만 년 전부터 시작해 삼백 년 전까지 북미 대륙에 도착했다. 서쪽에서 태평양을 건너 동쪽으로 이주한 이 사람들은 남미와 북미의 서해안에 거주했고 두 대륙의 중부인 중미와 멕시코를 향해 내륙으로 들어갔다. 오늘날 멕시코에서는 모든 유형의 인간 특징과 골상학적 특징이 발견된다. 검은색에서 흰색까지 아주 다양한 피부색이 있어 무지한 '인종' 구분 자체가 불가능하다. 현재 아메리카 대륙에 사는 세계인의 두번째, 즉 서쪽을 향했던 입력 세트는 태평양에서 바람을 타고 '태양을 따라' 서쪽으로, 말레이시아를 거쳐 인도양을 가로지르고 페르시아 만을 올라가 메소포타미아로, 그리고 지중해로 올라가 동아프리카에서 나일 강을 따라서 남북 대서양을 거쳐 아메리카로, 혹은 중국과 몽고, 시베리아, 유럽 내륙지역을 거쳐 대서양을 건너 아메리카로, 지구를 한 바퀴 돌아 점진적으로 서서히 이주한 사람들이다.

현재 동쪽으로 이동하는 시기의 세트와 서쪽으로 이동하는 시기의 세트는, 아메리카 대륙의 중간 지역에서 만나 점점 **빠**른 속도로 이종교배를 하고 있다. 다양한 혼성 교배로 태어난 세계인은 전 방위로 재통합해 북미 태평양 연안에서 이종교배된 사람들을 탄생시킨다. 여기에 비행기와 선박 기술이 더

해지면 전 인류는 지금까지 적대적이던 우주의 환경 조건 속으로, 바다 깊이, 하늘 높이, 전 세계를 향해 도약하게 된다.

다시 혼란스러운 현재로 돌아오자. 컴퓨터의 방대한 메모리와 빠른 회수력에 힘입어, 인류의 경제 회계 시스템을 재조직하고 전 세계의 연합 능력을 보여 주는 것이 우주선 지구호를 성공적으로 유지하기 위한 최우선 과제다. 이제 우리는 고개를 들 수 있다. 아니, 고개를 들어 전 세계 산업 도구를 교체하는 혁명적 계획을 세워야 한다. 전 세계 자원의 무게 대비 성능을 향상시켜야 한다. 자원이 모든 인류에게 높은 생활수준을 제공할 때까지 말이다. 더 이상 한 사람의 편견으로 가득한 정치 체제가 세계를 장악할 수 없다.

여러분은 이처럼 주인 없는 세상을 살 권리를 얻어낼 자신이 없을지도 모른다. 하지만 단언컨대, 그런 권리를 빨리 확보할수록 인류가 이 치명적인 곤두박질에서 빠져나올 가능성은 더 높아진다. 전 세계의 정치 경제 위기가 커져 가는 지금, 모두 함께 살아남는 방법을 발견했음을 기억하자. 귀환 불능 지점을 지나기 전, 그 일을 시작해야 한다. 그러기 위해서는 강력한 추진력이 필요하다. 여러분의 동료들과 위대한 노동 지도자들은 자동화에 반대했던 것이 오판이었음을 이미 깨달았고 이를 모두에게 가르쳐 주고 싶어 한다. 이 사실만으로도 여러분은 큰 자신감을 가질 만하다.

나는 방문 및 임명 교수로서 전 세계 대학 삼백 곳 이상을 가

보았는데, 우리가 다룬 내용을 이해하는 학생들이 점점 더 많아지고 있다. 그들은 설계 및 발명의 혁명을 통해서만 전쟁을 없앨 수 있다는 사실을 안다. 공기와 햇빛처럼 부(富)가 만인의 것임을 사회가 깨달으면, 연구 및 개발 단체에서 일하면서 높은 수준의 생활을 유지하는 것을, 놀면서 남의 지원이나 받는 수치스러운 일로 여기지 않게 될 것이다.

나는 어린 시절부터 지금까지 자동차를 넉 대 소유해 보았다. 그리고 앞으로는 차를 갖지 않을 작정이다. 운전은 그만두지 않았지만, 자동차는 공항에 두고 그 차를 다시 가지러 가는 일이 없거나 드물어졌다. 새로운 생활 패턴 덕분에 공항에서 필요하면 새로운 차를 렌트해야 한다. 물건을 소유하는 일이 점점 더 줄어든다. 헨리 조지(Henry George)의 이념과 같이 정치적 분립주의를 실천하기 위해서가 아니라, 단순히 실용적인 측면에서 그렇다. 소유는 점점 더 부담스럽고 낭비적이며 따라서 구태의연한 일이 되어간다.

여권이나 세금 청구서, 선거구 확인에 필요한 어제의 집, 국가, 주, 도시, 거리에서의 시간보다 다른 먼 곳에서 보내는 시간이 더 많다면, 그곳의 기념품을 무엇 때문에 모으겠는가. 고대의 위대한 도시와 건물들을 완전히 복구한 뒤에 전 세계 박물관의 조각난 보물들을 모두 제자리로 돌려보내면 어떨까. 그렇게 하면, 더 큰 관심과 많은 정보, 그리고 영감을 지닌 인류가 다시 찾아가 그 유적을 경험할 수 있을 것이다. 그러면 그 유적이 주는 재생적이고 형이상학적인 미스터리를 되살려내거나 유지할 수 있을 것이다.

남반구와 북반구 사이를, 그리고 전 세계를 너무 자주 여행하다 보니, 내게는 소위 정상적인 겨울이나 여름도, 정상적인 밤낮도 없어졌다. 자전, 공전하는 지구의 곳곳을 점점 더 빈번하게 찾아다니기 때문이다. 나는 '고향'의 사무실 시간을 확인하기 위해 세 개의 손목시계를 차고 다닌다. 그래야 장거리 전화를 걸 수 있다. 하나는 다음 갈 곳의 시간이 맞추어져 있고, 또 하나는 지금 있는 장소의 시간으로 잠시 맞추어 놓는다. 이제 나는 지구를 실제 구체로 여기고, 우주선으로 생각한다. 지구는 크지만 파악할 수 있다. 낡은 습관이 되살아나지만 않는다면, 더 이상 '일주일' 단위로 생각하지 않는다. 자연에는 '일주일'이 없다. 살아갈 권리를 증명하기 위해 최고의 수익을 올리려는 사업가들은 최고 교통량 패턴을 이용한다. 즉 공항 주요 시설을 이십사 시간 중 삼분의 이는 폐쇄하고 짧게 두 번만 열어 사람들이 드나들게 한다. 모든 침대는 하루 중 삼분의 이는 비어 있다. 거실은 이십사 시간 중 팔분의 칠은 비어 있다.

인구 폭발은 근거 없는 낭설에 불과하다. 산업화하는 과정에서 연간 출생률은 급격히 감소하고 있다. 인류가 1985년까지도 살아남는다면, 전 세계는 산업화되고, 지금의 미국, 유럽 전역과 러시아, 일본처럼 출생률은 감소하고, 장수하는 사람들이 인구 증가를 초래했다 생각할 것이다.[11]

무한한 부가 존재함을 세계가 깨달으면, 전 인류가 더 큰 뉴욕 시에서 살 수 있고, 한 사람이 여느 칵테일파티장 크기의 공간을 소유하는 여유가 생길 것이다.

우리는 문화 중심지에 모였다가 우주선 지구호의 넉넉한 주거지역으로 흩어지기 반복할 것이다. 사람들은 점점 더 형이상학적 대화에 집중하고 물질적 경험을 활용하게 된다.

우리 사십억 인구가 가진 우주선 지구호의 자원 하나하나를 합치면 현재 이백억 톤에 달한다.

점과 선, 면 차원에서 생각하는 데 익숙하다 하더라도, 우리는 전방위적 시공간에 살고 있으며, 사차원의 우주는 언제나 개인에게 충분한 자유를 제공해 줄 수 있음을 기억하자.

대치 중인 전 세계 정치가들과 이념이 만들어 놓은 위험한 교착상태를 어떻게 해결할지 묻고 싶을 것이다. 나의 답은, 컴퓨터가 해결하리라는 것이다. 인간은 컴퓨터를 점점 더 신뢰한다. 여객기 승객들이 앞이 보이지 않는 안개 낀 밤중에 착륙하더라도 컴퓨터를 믿고 염려하지 않는 것을 보라. 어떤 정치가나 정치 체제도 적이나 반대세력에게 당연하다는 듯 승복하지 못해도, 전 인류가 무사히 착륙하도록 컴퓨터가 제시하는 안전한 항법은 기꺼이 따른다.

그러니, 계획자들이여, 설계자들이여, 엔지니어들이여, 지금부터 앞장서도록 하라. 작업을 시작하고, 모두 함께 협력하되, 서로를 방해하거나 타인의 희생에서 이익을 취하려 들지 말라. 그렇게 편파적인 방식으로 얻는 성공의 수명은 점점 더 짧아질 것이다. 그것이 바로 진화가 이용하며 우리에게 분명히 제시하려는 시너지의 원칙이다. 인간이 만들어낸 법칙이 아니다. 지성을 지배하는 우주의, 무한히 포용하는 법칙이다.

# 주註

1. 2001년, 인구의 18퍼센트(육십일억 가운데 십일억)가 '극빈상태'로 생활했다. 개발 커뮤니티에서는 '극빈상태'를 일 인당 일 달러 이하의 생활비로 살면서 기본적인 생존 욕구를 채울 수 없는 상태로 정의한다. 참고: 1981년에는 인구의 34퍼센트(사십사억 가운데 십오억)가 '극빈상태'로 분류되었다. Jeffrey Sachs, *The End of Poverty: Economic Possibilities for our Time* (New York: The Penguin Press, 2005), chapter 1; 제프리 삭스, 김현구 옮김, 『빈곤의 종말』, 21세기북스, 2006 참조.

2. 그 다음 가까운 별은 프록시마 센타우리로 간주되며 지구에서 4.2 광년 떨어져 있어 태양보다 이십육만팔천 배 멀리 있다. 「지구에서 가장 가까운 별(Closest Star to the Earth)」(http://www.astro.wisc.edu/~dolan/constellations/extra/nearest.html). 다음 책에서 내용 참고: Arthur P. Norton, *Norton's 2000.0: Star Atlas and Reference Handbook*, 18th edition (UK: Longman Group, 1989).

3. 풀러가 독일인 수학자 베른하르트 리만(Bernhard Riemann)의 국적을 잘못 쓴 것으로 보인다.

4. 2001년에는 44퍼센트(육십일억 인구 가운데 이십칠억)가 가난했다. 십일억은 '극빈상태'였으며(즉 기본적인 요구를 충족시킬 수 없었다) 십육억은 "보통 수준으로 빈곤했다"(즉 기본적인 요구를 겨우 충족시켰다). 주 1 참고: 1981년에는 인구의 34퍼센트(사십사억 가운데 십오억)가 '극빈상태'로 분류되었다. Jeffrey Sachs, *The End of Poverty: Economic Possibilities for our Time* (New York: The Penguin Press, 2005), chapter 1.

5. 1981년, 인류의 44퍼센트(사십사억 중 십구억)가 빈곤에서 벗어난 상태였다. 2013년, 현재의 '중산층 소득'과 '고소득' 가정의 개념을 이용하면, 58퍼센트(칠십억 중 사십일억)가 빈곤에서 벗어난 상태였다. 참고: 세계 개발 기준에 따르면 '중산층 소득'이란 '연간 수천 달러의 소득'을 의미하며, 이는 부유한 국가의 '중산층 소득'과 일치하지는 않는다. Jeffrey Sachs, *The End of Poverty: Economic Possibilities for our Time* (New York: The Penguin Press, 2005), chapter 1. "Poverty and Shared Prosperity 2016" (Washington D.C.: World Bank, 2016).

6. 2017년 미국의 국내 총생산은 19.36조 달러로 추산되었다. 「2018년 온라인 미중앙정보부 월드 팩트북」 (2018 Online CIA World Factbook) https://www.cia.gov/library/publications/resources/the-world-factbook/geos/us.html (2018. 8. 13 접속)

7. 2017년 인도와의 미국 무역 적자는 22.9억 달러였다. 미국 인구조사국, 해외 무역 통계. https://www.census.gov/foreign-trade/balance/c5330.html (2018. 8. 13 접속)

8. 2017년 인도의 인구는 십이억 명으로 추산된다. 「2018년 온라인 미중앙정보부 월드 팩트북」 https://www.cia.gov/library/publications/resources/the-world-factbook/geos/in.html (2018. 8. 13 접속)

9. 버키가 역사를 사색적으로 해석할 때, 이 부분에서 일부러 강렬한 효과를 위해 과장하는 것 같다. 버키의 딸, 알레그라 풀러 스나이더는 어쩌면 버키가 불만을 느끼며 이렇게 말한 것일지도 모른다고 추측했다. 버키는 하루에 스테이크를 세 번씩 먹던 육십년대(이러한 식생활로 칠십 파운드의 체중이 줄고 근력을 많이 회복했다) 인도를 찾았다. 소를 숭배하는 힌두교의 철학이 적어도 이천오백 년을 거슬러 올라가 『마하바라타(Mahabharata)』와 같은 경전에 등장한다는 사실을 버키가 몰랐을 리 없다. 버키가 인도라는 나라와 맺은 폭넓은 관계, 전 수상 인디라 간디, 사라바이 가족과의 우정, 1973년 델리, 첸나이, 뭄바이에서 세 곳의 국제공항을 설계하는 등(건설되지는 않았다) 거기서

맡았던 과제를 생각해도 이 부분은 놀랍다. 2008년 4월 26일 알레그라 풀러 스나이더와의 대화에서.

10. 1936년에 주문제작한 퀸 메리 호는 총 팔만천이백삼십칠 톤이나 나갔다. http://www.20thcenturyliners.com/cl_queenmary.htm

11. 세계 인구는 이십세기 중 크기 면에서 확실히 '폭발'했다. 1900년 십육억 오천 만에서 2000년 육십억 칠천 만으로, 오늘날 칠십육억으로. 그와 동시에, 세계 인구의 연간 증가율 측면에서는 폭발하지 않았으며, 최근에 와서는 이 증가율은 감속하는 추세다. 십 년전, 세계 인구는 연간 1.24퍼센트로 증가하고 있었다. 오늘날은 연간 1.10퍼센트로 증가하여 매년 팔천삼백만 명이 증가하고 있다. 세계 인구 증가 속도는 앞으로 더 늦춰지리라 예상되며, 2030년 인구는 팔십육억에 이를 것으로 추산된다. 유엔의 중위 추계(medium variant)에 따르면 세계 인구는 2050년에 구십팔억에, 2100년 백십이억에 달할 것이라고 한다. 1970년대 초 이후 출생률은 실제로 계속 감소하고 있다. 여성 일 인당 4.47명의 아이에서 현재 여성 일 인당 2.53명의 아이로 감소했다. 예측에 따르면 그 수치는 2095년까지 여성 일 인당 두 명의 아이로 감소할 것이라고 하는데, 여성 일 인당 2.1명의 아이인 인구 보충 출생률에 조금 못 미치는 수이다. 그리고 전 세계 수명은 1970년 오십칠 세에서 오늘날 70.8세로 점진 증가해 왔다. "World Population Prospects: The 2012 Revision, Highlights" (New York: United Nations, 2013), "World Population to 2300" (New York: United Nations, 2004), and "Concise Report on the World Population Situation in 2014" (New York: United Nations, 2014), "World Population Prospects: The 2017 Revision" (New York: United Nations, 2017).

*2008년 자료로 작성된 원서의 주석 내용을 엮은이와의 상의 하에
2018년 현재의 자료로 일부 보완했다.

# 부록

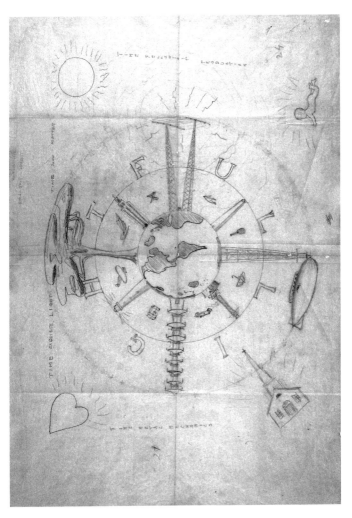

표지 이미지: '빛이 가득한 주택(Lightful Houses)' 계획도, 1928.
(벅민스터 풀러 아카이브, 특별 소장품, 스탠퍼드 대학교)

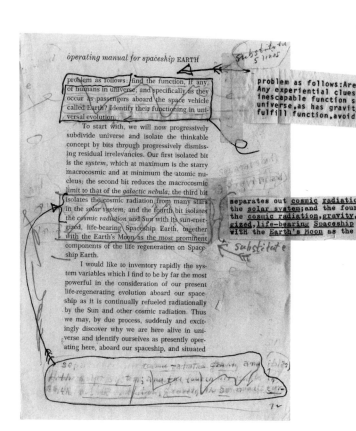

버키가 『우주선 지구호 사용설명서』 초판의 출판사 교정지 옆에 작은 테이프를 붙여 수정을 해 놓았다.
(벅민스터 풀러 아카이브, 특별 소장품, 스탠퍼드 대학교)

## AN OPERATING MANUAL FOR SPACESHIP EARTH
by
R. Buckminster Fuller

If two of us meet and you take a paper out of your pocket and start reading a speech I will say, "Let me have that. I can read it to myself more effectively".

I am confident that live meetings catalyze swift awareness of the particular experiences of mutual interest regarding which our thoughts are spontaneously formulated. Live meetings often become pivotal in our lives.

For such reasons I have not prepared a paper to read to you with practiced gesturing. Nor have I memorized a speech. Nor have I made notes. I have not even allowed myself to think about what I may say to you.

I have learned that it is possible to stand and think out loud from the advantage of our most effective possible preparation which is all recorded and on tap in our brains and minds. Advance thought about our discourse spoils it. There awaiting its anytime employment by our brain scanning mind is the ever resorted and highlighted inventory of our life-long experiences integrated with all the relevant experiences others have communicated to us. Out of this inventory your live presence catalyzes my freshly reconsidering thoughts relevant to our mutual interests.

As we meet our eyes skirmish and we are aware of the subjects of prime mutual concern. Sometimes for various reasons we avoid speaking about the prime items. Sometimes we confront our faculties with the necessity to deal directly and incisively with vital but difficult issues.

Now having seen your three thousand eyes I will start my outloud thinking about the vital and difficult issues. I have profound respect for the variety of your thoughts and apprehensions over the paradox of heretofore undreamed of human potentials as coupled with their historically unprecedented frustrations.

『우주선 지구호 사용설명서』는 버키가 1967년 10월 16일 워싱턴 시에서 한 강연을 기록한 내용을 발전시킨 것이다. 그것은 미국 계획 협회(American Planners Association)의 오십 회 연례 대회의 폐회사였다. 이것은 당시 강연 기록의 첫 장이며, 원고의 자료가 되어 책으로 만들어지면서 삭제되었다.

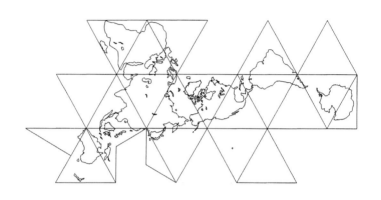

풀러 도법(圖法) 세계지도, 1938, 1954.

AS I finished this realize We may have not a runaway best seller

Good luck, and affectionate regard

Bucky

1960년대 버키는 일리노이 주 카본데일의 서던 일리노이 대학교 연구교수로 재직했다. 그곳에 있는 동안 대학출판부에서 여러 권의 책을 출판했으며, 그중 하나가 『우주선 지구호 사용설명서』였다. 그곳 편집자는 버넌 스턴버그였다. 손으로 쓴 이 글(거의 마지막 수정본과 출판사에서 보낸 앞으로의 교정 일정 사이에 끼워 둔 복사본)에서 버키는 『우주선 지구호 사용설명서』에 대해 이렇게 적고 있다. "버넌, 원고를 완성하다가 이 책이 순식간에 베스트셀러가 될지도 모른다는 사실을 깨달았습니다. 행운을 빕니다. 애정을 담아, 버키."
(벅민스터 풀러 아카이브, 특별 소장품, 스탠퍼드 대학교)

해제
# 지구호의 지속가능한 항로

신은기


벅민스터 풀러는 건축가이자 디자이너, 작가이며, 동시에 발명가이다. 하지만 가장 그를 잘 표현하는 것은 '미래학자'이다. 어떤 하나의 전문적인 직업인으로 부르기에 풀러는 다양하고 광범위한 영역에서 작업들을 남겼다. 건축가로서 다이맥시온(Dymaxion) 주택 시리즈, 지오데식 돔(Geodesic Dome) 등 혁신적인 아이디어를 담은 구조물들을 제안했으며, 디자이너로서 다이맥시온 자동차와 같은 작업을 선보였다. 작가로서는 『우주선 지구호 사용설명서』뿐만 아니라 시너지학(Synergetics)에 관련된 책 등을 포함하여 거의 삼십여 권을 남겼다. 이 작업들은 각자 저마다 개성을 가진 재미있는 아이디어이기도 하지만, 동시에 풀러가 끊임없이 현재를 돌아보고 우리에게 제안하는 미래이다.


　일차세계대전과 이차세계대전의 사이인 1928년, 풀러는 본격적으로 그의 아이디어들을 세상에 내놓기 시작했다. 대량생산과 기술이 가져올 미래에 대한 낙관이 무르익던 때이자, 본격적으로 대량소비사회로 접어들기 직전 숨을 고르던 시기였다. 풀러 개인에게는 1927년 장인과 함께 했던 자재사업이 부도가 난 다음 해이기도 했다. 이 해 풀러는 『포디 타임락(4D Timelock)』이라는 저서를 출판하며 당시 산업계를 비판하고, 기존에는 없던 새로운 구조물인 포디 주택과 포디 타워를 선보였다. 이듬해 포디 주택을 다이맥시온 주택이라는 이름으로 바꾸고 이차세계대전 종전 무렵까지 새로운 다이맥시온 주택들을 발표했으며, 이 외에도 자동차(Dymaxion Vehicle, 1933), 화장실(Dymaxion Bathroom, 1936), 막사(Dymaxion Deployment Unit, 1940), 지도(Dymaxion Map, 1946) 등에 이르기까지 다양한 작업들에 '다이맥시온'이라는 이름을 붙였다. 다이맥시온은 마셜필드 백화점 전시회에서 사람들에게 그의 주택을 좀 더 강렬하게 전달할 수 있도록 직접 붙인, 다이내믹(dynamic)과 맥시멈(maximum), 텐션(tension)이 합쳐진 표현으로, 익숙한 것이 아닌 혁신적인 것에 대한 그의 열망이 드러난다.

풀러가 다이맥시온 시리즈를 작업했던 시기는 기술이 가져온 새로운 시대를 맞이하여, 주거의 새로운 형식과 생산에 대한 논의가 정점에 이르렀던 시기였다. 1927년에는 유럽 각지의 건축가들이 모여 새로운 형식의 주택들을 선보였으며(바이센호프 주택단지, Weißenhofsiedlung), 1930년에는 '살기 위한 기계'를 언급했던 르 코르뷔지에가 빌라 사보아(Villa Savoye)를 완성했다. 이들은 대부분 주택의 대량생산에 관심을 기울였고, 효율성과 경제성, 새로운 재료와 미학에 대하여 이야기했다. 단지 참신한 건축 디자인 탐구가 아니라 당시 급변하고 있던 시대에 대한 건축가들의 고민이었다. 하지만 풀러의 다이맥시온 주택은 당시 건축가들이 공유했던 새로운 주거, 살기 위한 기계라는 질문에의 가장 대담하고도 직설적인 답이었다.

풀러의 주택은 생산과 거주에 효율성을 극대화한, 모더니즘이 추구했던 정신에 가장 부합하는 기계였다. 동시에 그가 지향하는 '장소에 구애받지 않는 세계인(universal citizen)'을 위한 것이었다. 다이맥시온 주택들은 땅에 고착된 구조물이 아니었다. 초기 버전이었던 포디 타워의 경우, 풀러는 비행기가 이 타워를 매달고 날아가는 스케치를 남겼다. 그만큼 가볍고 어디든지 갈 수 있다. 풀러는 다이맥시온 주택들의 조립 과정을 담은 사진들을 통해서 이 주택들이 손쉽게 조립가능한 패키지라는 점을 강조한다. 다이맥시온 화장실은 다양한 화장실 설비들을 하나의 기구로 통합한 것으로, 필요에 따라 다이맥시온 주택에 손쉽게 부착할 수 있는 하나의 부품이기도 했다. 다이맥시온 자동차는 유선형의 디자인, 180도 회전이 가능한 세 개의 바퀴로 이동하는 자동차라는 기술적인 장점도 있었지만 동시에 해체된 주택의 부품들을 달고 이동할 수 있는 도구이기도 했다. 풀러가 이차세계대전 중에 제안했던 막사처럼 이 주택들은 세상 어느 곳이든 필요한 곳에서 쉽게 생산하고 운송하고 조립하여 세울 수 있는 거주 공간이었다. 어느 대지에 속박되지 않는다는 것은 도시나 국경의 경계, 특정 장소에 인간의 거주가 구애받지 않음을 의미한다. 풀러는 다이맥시온 주택 시리즈를 제안하면서 '살기 위한 기계로서의 주거'에 대한 건축가로서의 답뿐만 아니라, 기술 시대에 예견된 미래 인간의 삶을 그려내고 이를 가장 효과적으로 담을 수 있는 새로운 거주 도구의 프로토타입을 제안했다. 바로 이러한 점에서 그는 건축가이면서 동시에 미래학자였던 것이다.

풀러의 작업 중 가장 널리 알려진 것으로 지오데식 돔이 있다. 이는 선형 부재들이 이루는 삼각형의 패턴들이 반복되면서 구성된다. 가볍고 투명한 돔이다. 풀러는 사각형에 비해 삼각형이 더 간결하면서도 안정된 도형이며, 하중을 받는 데도 유리하다고 생각했다. 그리고 돔이 만들어내는 반구형은 일정 면적의 외피를 위한 구조물로서 가장 경제적이면서도 가장 완결된 의미를 갖는 형태이다. 돔은 기하학 측면에서도 완벽하지만, 풀러에게 그것은 새로운 기술이 적용된 구조물 이상이었다. 그의 스케치들을 살펴보면, 돔의 초기 아이디어가 '표준생활패키지(Standard Living Package)'에서도 나타난다. 이 패키지는 큰 사각 박스에 가구를 비롯한 각종 생활기구들을 담고 있어서, 살고자 하는 자리에서 펼치면 방이며 가구들이 나타난다. 마지막으로 헬리콥터가 날아와 그 위에 돔을 씌우면 비로소 집이 되어, 사람들이 외부에서 쾌적하고 안전하게 살아가는 환경을 만들어 준다. 이 돔은 점점 커져서 때로는 마을을 덮고, 때로는 맨해튼과 같은 도시를 덮기도 한다. 돔은 사막과 극지 등의 혹독한 환경이나 핵전쟁 같은 미래의 재난에서 인류를 보호하고, 안전한 거주 환경을 만들어 주는 하나의 세계이다. 풀러는 종종 '적은 비용으로 더 많은 일을 하는 것'에 대해 이야기했다. 다이맥시온 주택이나 지오데식 돔은 최소의 부재와 재료로 가장 효율적인 거주 장소를 만들어낸다. 지오데식 돔의 구조는 한걸음 더 나아가 단순한 하나의 도형이 확장하여 시스템을 이루고 복잡다단한 인간들의 거주지를 담고, 현재와 미래의 위기에 대항한다.

내년 2019년이면 『우주선 지구호 사용설명서』가 처음 출판된 1969년으로부터 오십 년이 된다. (책의 출발이 된 강연은 이미 한두 해 전인 1967-1968년경 시작되었다.) 여기에서 풀러는 지구에서 사는 삶의 지속가능한 방법에 대해서 이야기한다. 한정된 자원의 불균등한 분배, 이로 인한 사회적 불균형과 앞으로 발전할 수 있는 잠재력의 상실 등의 문제들을 극복할 수 있는 것은, 결국 인간이 가진 '총체적 능력'을 최대한 발휘하는 것이다. 하나의 세분화된 전문 분야에 매몰되는 것이 아니라 전체적인 것을 아우르고 종합할 수 있는 능력이며, 전 세대와 전 장소의 사고를 통합할 수 있는 능력이다. 풀러는 이 책에서 대항해시대에서부터 이십세기 두 개의 세계대전에 이르는 다양한 시대를 거쳐서 이러한 총체적 능력이 어떻게 세상을 견인해 왔는가를 생생하게 설명한다. 동시에 컴퓨터와 같은 새로운 기술의 시대에 이르러 인간의 총체적 능력이 얼마나 확장될 수 있는가, 이를 활용해 우주선 지구호와 여기 탑승한 지구인들이 당면한 문제들을 어떻게 효과적으로 해결할 수 있는가를 제시한다. 풀러가 생각하는 총체성은 '우주'와 '부(富)'의 개념을 정의하는 문장에서도 짐작할 수 있듯이 물질만이 아니라 형이상학 모두를 아우른다.(pp.67, 87) 우리의 우주나 부는 바로 보이거나 손에 잡히는 물질만이 아니라 인류가 이룩

해 놓은 지식과 경험을 합친 것이다.

오십 년 전에 쓴 글임에도 풀러가 예견했던 빈부의 격차, 저출산, 자동화와 실업과 같은 문제들은 여전히 유효하다는 점에서 현재의 우리에게도 그가 제안하는 해결책들이 흥미롭다. 1960년대 기계 자동화로 일자리가 줄었지만 오히려 일자리가 없는 청년들에게 교육의 기회를 주고, 이 기회가 더 나은 인간의 지적활동과 더 많은 부의 창출로 이어졌다는 내용은(pp.105-106), 오늘날 인공지능의 등장에 따른 일자리 감소에 어떻게 대처해야 하는가 하는 실마리를 제공한다. 이는 또한 최근 조금씩 논의되고 있는 '기본소득'이 인류의 생존과 발전을 위해 어떻게 긍정적으로 작동할 수 있는지 명쾌하게 보여 준다. 풀러는 인간이 가진 총체적 능력을 발휘할 수 있는 가능성이 주어질 때, 자원과 부는 한정된 것이 아니라 증가할 수 있다고 믿었다. 이를 위해서는 현재 존재하는 자원과 부를 기존의 관습적인 방식대로 분배하고 소모하는 것이 아니라 인간의 총체성을 최대한 발휘할 수 있도록 활용되는 것이 필요하다.

다이맥시온 주택이나 다이맥시온 자동차, 지오데식 돔은 풀러가 예상했던 것처럼 현재 사용되고 있지는 않다. 인간은 여전히 땅에 정주하여 살아가며, 핵의 위험을 피하기 위해 거대한 돔으로 도시를 덮지도 않는다. 하지만 현재의 위기와 잠재력을 정확하게 진단하고 이를 토대로 관습에 얽매이지 않고 완전히 새로운 방향을 제시하였다는 점에서 풀러의 작업들은 인상적이다. 건축가 노먼 포스터(Norman Foster)는 풀러가 기술을 통해 경제성, 효율성, 기능이라는 가치를 추구할 뿐만 아니라 더 나아가 지구의 연약함과 이를 보호해야 할 인간들의 책임들을 고민하는 도덕을 가졌다는 점에서 높이 평가했다. 그의 다양한 작업들은 미래를 위한 혁신이었지만, 동시에 이 우주선 지구호가 지속가능하기 위한 한 개인의 노력이었다.

『우주선 지구호 사용설명서』에서 풀러가 바라본 지구는 다양한 위기에 당면하고 있지만 동시에 인간은 충분히 이를 해결할 수 있는 능력을 갖고 있다. 특히 그가 강조했듯이, 건축가들은 '가능한 가장 큰 규모의 총체적 사고를 시작'해야 하는 막중한 책임감을 지닌다. 풀러는 지금까지 인간들이 어떻게 총체적 능력을 발휘해 왔는가, 그리고 미래는 어떤 모습으로 나아가야 하는가를 제시함으로써 실천 방법을 각자 스스로 찾도록 동기를 부여한다. 이제 인간은 작은 움직임이어도 지금 자신이 할 수 있는 일에서 그 방향으로 나아가고자 하면 되는 것이다.

신은기(愼珢琪)는 서울대학교 건축학과 및 동대학원을 졸업하고 미국 펜실베이니아 대학에서 건축학 석사학위를 받았다. 이후 워싱턴 디시의 헬무스 오바타 카사바움(HOK Washington DC) 사무소에서 설계 실무를 익혔으며, 미국 건축사 자격(뉴욕주)을 취득했다. 서울대학교 건축학과에서 전후 미국의 대량공급주택과 건축가들의 실험에 관한 논문을 쓰고 박사학위를 받았다. 현재 인천대학교에서 건축설계 및 건축이론을 가르치고 있으며, 대량공급주택에서 건축가들의 작업에 대한 연구를 지속하고 있다.

1970년 디트로이트 대학교 건축학과 학생들에게 이야기하는 벅민스터 풀러. 로버트 스나이더(Robert Snyder)가 감독한 「벅민스터 풀러의 세계(The World of Buckminster Fuller)」(1974)를 촬영하던 시기였다. 사진 제이미 스나이더.

벅민스터 풀러(R. Buckminster Fuller, 1895-1983)는 건축가이자 엔지니어, 기하학자, 지도제작자, 철학자, 미래학자, 유명한 지오데식 돔의 발명가, 그리고 당대 가장 뛰어난 사상가 중 한 사람이었다. 풀러는 세계 문제를 포괄적으로 바라보는 시각으로 유명했다. 그는 오십 년 이상 '적은 비용을 들여 많은 일을 해내는' 기술을 창조함으로써 인류의 삶을 개선시키는 혁신적 설계의 잠재력에 대한 헌신을 반영하는 해결책을 발전시켰다. 약 서른 권에 달하는 책을 집필한 풀러는 평생 전 세계를 다니며 자신의 생각을 수천 명의 청중에게 강연하고 그들과 함께 토론했다. 1983년, 사망 직전에는 "기하학자이자 교육자, 건축설계자로서 그의 공헌은 각 분야의 성취를 확인시켜 주는 기준이 되었다"는 치사와 함께, 민간인 최고의 훈장인 대통령 자유 훈장을 받았다. 풀러의 사후, 화학자들이 지오데식 돔의 구조와 비슷한 구조를 갖는 새로운 탄소 분자를 발견하자, '벅민스터풀러렌'이라고 명명했다. 요즘 과학계에서는 그 분자를 '버키볼'이라는 애칭으로 부른다.

제이미 스나이더(Jaime Snyder)는 싱어 송 라이터이자 작가, 대체 미디어의 제작자 겸 감독이다. 「파블로 피카소: 평화를 위한 외침」 「헨리 밀러: 그리는 것은 다시 사랑하는 것이다」 「우주의 모형 제작과 사유: 벅민스터 풀러」 등의 영화 작업을 했으며 벅민스터풀러협회의 공동 설립자이다. 풀러의 손자인 그는 풀러가 사망할 때까지 함께 연구하고 작업했다.

이나경(李那敬)은 이화여대 물리학과를 졸업하고 서울대 영문학과에서 박사학위를 받았다. 현재 번역과 강의를 하고 있다. 역서로『넘버원 여탐정 에이전시』『샤이닝』『피버 피치』『불타버린 세계』『XO』『뮤즈』『배반』『연인인가 사이코패스인가』등이 있다.

# 우주선
# 지구호
# 사용설명서

**벅민스터 풀러**

제이미 스나이더 엮음
이나경 옮김

**초판1쇄 발행일** 2018년 9월 10일
**발행인** 李起雄 **발행처** 悅話堂
경기도 파주시 광인사길 25 파주출판도시
전화 031-955-7000 팩스 031-955-7010
www.youlhwadang.co.kr  yhdp@youlhwadang.co.kr
**등록번호** 제10-74호 **등록일자** 1971년 7월 2일
**편집** 이수정 박미 **디자인** 박소영
**인쇄 제책** (주)상지사피앤비

ISBN 978-89-301-0621-4

Operating Manual for Spaceship Earth
First Published in 1969
© the Estate of R. Buckminster Fuller, 2008
from the Lars Müller Publishers Edition

Korean Translation
© Youlhwadang Publishers, 2018

Published by Youlhwadang Publishers.
Printed in Korea.

이 도서의 국립중앙도서관 출판예정도서목록(CIP)은
서지정보유통지원시스템 홈페이지(http://seoji.nl.go.kr)와
국가자료공동목록시스템(http://www.nl.go.kr/kolisnet)에서
이용하실 수 있습니다.(CIP제어번호: CIP2018024850)